onomato verlag

**Impressum**

onomato verlag
© onomato Verlag, 40233 Düsseldorf
Druck: CPI Leck

Die Lyrikreihe wurde vom Kulturamt der Stadt Düsseldorf und der Kunststiftung NRW gefördert. Die Kunststiftung NRW hat auch diese Edition finanziell unterstützt.

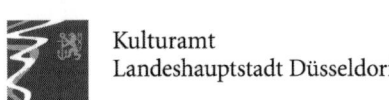

Kulturamt
Landeshauptstadt Düsseldorf

Frauke Tomczak (Hg.)

# BEKANNT TRIFFT UNBEKANNT

Eine Lyrikreihe mit Gesprächen im onomato
kuratiert von Frauke Tomczak

Andreas Altmann und Sina Klein
Jan Wagner und Jens Stittgen
Ulf Stolterfoht und Frauke Tomczak
Yoko Tawada und Johanna Hansen

# Inhaltsverzeichnis

Vorwort     11

## Andreas Altmann – Sina Klein     17

### Sina Klein     17
auftakt     17
turmuhr     18
entfasst     19
dies geheimnis     20
schier 1-5     21
vogelfängerlied     23
kokon     24

### Andreas Altmann     25
herzgegend     25
der vater der heizer das kind     26
meine schweigsame mutter     28
im spiegel     29
poesie im keller     30
jedes gedicht     31

### Andreas Altmann und Sina Klein im Gespräch     33
Natur und die bevorzugten Jahreszeiten     33
Umhüllung versus Bewegung     34

## Jan Wagner – Jens Stittgen 39

### Jens Stittgen 39
(der titel ist das letzte) 39
winter, winter, winter
heute 42
der künstler 45
reuestriche beiderseits 48

### Jan Wagner 49
störtebeker 49
historien: onesilos 50
Guerickes sperling 51
elegie für knievel 52
champignons 53
teebeutel 54
gaststuben in der provinz 54

### Jan Wagner und Jens Stittgen im Gespräch 55
Assoziation – Konstellation - Erzählen 55
Sprache - Natur und die Materialität der Wirklichkeit 57

## Ulf Stolterfoht – Frauke Tomczak  61

### Frauke Tomczak  61
Die Rose und der Reim  61
Steig herab von der Höhe des Amana
von den Bergen der Leoparden  63
Tango geschuppt  64
Zaumbaum  65
Eine Schwalbe  66
Koffer  68

### Ulf Stolterfoht  71
das stehen im wort  71
humpty dumpty  73
immer stärkere lesegehirne  74
traktat vom stattgehabten arterwerb  76
brechnuss  78
engelstrompete  80
muskat  82

**Ulf Stolterfoht und Frauke Tomczak
im Gespräch / Moderiert von Ferdinand Scholz**  83
Lyrik und Erzählen
Wie kommen die visuellen Bilder, wie Erfahrungen
zur Sprache?  86

## Yoko Tawada – Johanna Hansen 89

### Johanna Hansen 89
Ich 89
Kopfüber herzunter 90
Blau ist ein Lockvogel 93
Lockmittel 94
Echos Kleid 96

### Yoko Tawada 97
Passiv 97
Passé Composé 98
Die Konjugation 99
Die dritte Person 100
Ein chinesisches Wörterbuch 101
Yokohama 102

### Yoko Tawada und Johanna Hansen im Gespräch 103
„das Herz unter die Zunge gelegt", Johanna Hansen –
Sprache und Körper 103
„das passé composé als Kompott",
Yoko Tawada – Sprache kann man auch essen? 104
Woher kommen Metamorphosen und Überlagerungen? 105
Die magischen Energien und die Poesie 107

**Zu den Autoren** 109

**Textnachweise** 115

# Vorwort

Lyrik ist wohl die literarische Gattung, die – neben dem Drama – den intensivsten und unmittelbarsten sinnlichen Eindruck zeitigt. Im Gegensatz zur dramatischen Dichtung, die mit ihrer Aufführung zugleich auf die Ideen, Umsetzung und Mitwirkung zahlreicher Künstler angewiesen ist, hat bei der Lyrik der Schreibende selbst diese sinnliche Wirkung wenn nicht in der Hand, so doch zuvor in der Sprache angelegt. Möglicherweise gilt die Lyrik eben deshalb mit ihrer Nähe zum Gesang, zum Rhythmus und anderen expressiven Qualitäten der menschlichen Körperlichkeit und seines Sensoriums als die älteste literarische Gattung des Menschen.

Wenn Orpheus mit seiner Lyra der Ruf nachgeht, sogar die wilden Bestien durch seinen Gesang zähmen zu können, erzählt dieser Mythos nicht nur von einem ehemals selbstverständlichen Glauben an die Beseelung der Tiere, sondern auch von der beruhigenden und bezaubernden, aber auch von der verstörenden Kraft der Poesie.

Es wird nicht behauptet, dass diese Qualitäten heute abhanden gekommen, auf dem Weg in die versachlichte, technisierte, ja digitalisierte Gesellschaft völlig verloren gegangen sind, wohl aber, dass sie in ihr nur noch leise und abseits, eher gemieden als aufgesucht, eher fremd als üblich vorkommen. Ganz zu schweigen von der Poesie als Zaubermittel gegen die unbändige Wildheit des Animalischen! Und gar nicht erst zu reden von ihrer nach wie vor randständigen Rolle im heutigen Literaturbetrieb, trotz einiger Gegenbewegungen in den letzten Jahren. Von der *Poesie im Keller* spricht mit einem

Augenzwinkern Andreas Altmann: *Schreibt man keine Gedichte, darf man gleich in die erste Etage.* (in diesem Band, S. 28).

Um dieses Ungleichgewicht auszugleichen, um einen akustischen Raum mitten im Alltags- wie auch im Kulturgetöse zu schaffen, in dem die energetischen sinnlichen Potentiale des menschlichen Sprachvermögens hörbarer, sichtbarer und präsenter werden, tritt diese Lyrikreihe an. Um sie im schlicht medialen Sinne zu übertragen, eignet sich das Hörbuch bestens. Aber wozu das sich anschließende Gespräch?

Ist nicht die lyrische Sprache mit den genannten expressiven Qualitäten eher als seltener Ort zu schützen und einzuhegen? Als Ort eines anderen, befremdenden und irritierenden Sprechens inmitten des Zwangs zu vereindeutigter und verkürzter Kommunikation zu bewahren und abzuschirmen gegen diese Omnipräsenz eindimensionaler Reduktion? - Als könnte die lyrische Sprachenergie dem Poeten beim kommunikativen Gebrauch der Sprache geraubt werden! Als verlöre der Zuhörer durch einen geöffneten, geweiteten Verständnishorizont die sinnliche Präsenz der Lyrik aus dem Ohr, aus dem Sinn! Als wäre die reflektierende Betrachtung der Poesie eine Verhinderung oder Auslöschung ihrer sinnlich-rhythmisch-lautlichen Qualitäten und nicht etwa ihre Ergänzung und Erweiterung! Gedichte sind keine Verrätselungen und das Nachdenken über sie ist kein Ratespiel.

Sowohl die konkreten Zuhörerreaktionen im Verlauf dieser Reihe, als auch die aus der Sache nicht zu begründende Abspaltung der Reflexion von der Sinnlichkeit der Sprache, als zweier ihr inhärenter

Potenziale, sind ein deutliches Plädoyer für die sich anschließende Reflexion im Gespräch.

Doch testen Sie, die Zuhörenden, selbst diese Feststellung. Experimentieren Sie darüber hinaus mit der zweiten X-Variabel in dieser Reihe und ihrer Dokumentation: Denn wie schon gesagt, kombiniert sie jeweils einen namhaften, mit mehrfachen Preisen und Stipendien ausgezeichneten, bekannten Poeten mit einem Lyriker, einer Lyrikerin aus Düsseldorf und Umgebung, der/die bisher teils nicht einmal einen eigenen Lyrikband durchsetzen konnte. Insofern ist der Titel der Reihe nicht nur Programm, sondern birgt auch eine Frage: die Frage nach der Verlässlichkeit von Bekanntheitsgrad und Qualität. Denn wie meist in Randbereichen, erhöht sich die Möglichkeit übersehen zu werden. Und noch ein Zitat aus Andreas Altmanns Poesie im Keller: *In engen Reihen schleichen Autoren ums Haus. Alle wollen sie so nahe wie möglich an der Wand entlanggehen. Gelegentlich öffnet sich eine Kellerluke und jemand wird ins Gebäude gelassen.* Welche unsichtbare Hand führt in diesem Literatur- und Gesellschaftshaus Regie? Wenn dieses Haus kein Geisterhaus sein will, muss es ihm auf eine größtmögliche Durchlässigkeit ankommen, die nicht mit Beliebigkeit zu verwechseln ist.

In diesem Sinne versteht sich die Lyrikreihe nicht nur als Plädoyer für poetisches Sprechen und sein Nachdenken, sondern rückt auch weniger bekannte Lyriker und Lyrikerinnen ins Licht. Umso interessanter versprachen die sich anschließenden Gespräche zu werden, in denen die vorgetragene Lyrik auf ihre Besonderheiten hin befragt wird: welche Instrumentarien setzen die PoetInnen ein? Wie gestaltet sich die Arbeit des Dichtens und wie der Impuls, der sie in Bewegung bringt? Kurz: in Form des Gesprächs schließt sich an, was üblicher Weise Poetik genannt wird. Denn wie anders, wenn nicht durch diese Form des „öffentlichen" Nachdenkens, könnte eine ästhetische Urteilskraft entstehen, die in der Lage ist, der unsichtbaren Hand auf die Finger zu gucken.

Auch deshalb ist diese Lyrik-Edition nicht zuletzt durch den Originalton als Hörbuch ein selten gewordenes Vergnügen mit der sinnlichen Lust u n d der reflexiven Anstrengung der Sprache - in und mittels der Sprache.

Die Lyriklesungen und poetologischen Gespräche sind originale Tonmitschnitte der vierteiligen Lyrikreihe „BEKANNT TRIFFT UNBEKANNT", die von Dezember 2013 bis Ende Februar 2014 in den Räumen der Künstlergruppe onomato, Düsseldorf, stattgefunden hat. Die Reihenfolge hält sich an die Abfolge der Lesungen. Pro Abend ist eine CD erstellt worden. Im beiliegenden Buch sind in derselben Reihenfolge und Poeten-Kombination die wichtigsten Gedichte ausgewählt und die zentralen Passagen aus den Gesprächen transkribiert worden.

Die Transkription folgt den thematischen Schwerpunkten, ohne den kontinuierlichen Gesprächsverlauf immer wiedergeben zu können.

Gedankt sei an dieser Stelle dem Kulturamt Düsseldorf und der Kunststiftung NRW, die durch ihre Förderung den finanziellen Rahmen für die Reihe und ihre Edition gestellt haben, aber ebenso den beteiligten Lyrikern und Lyrikerinnen für ihren professionellen

Vortrag, besonders aber für ihre Geistesgegenwart und ihren Witz in den Gesprächen, der Musikgruppe *keit* (Axel Grube und Detlef Klepsch), die alle eingespielten Tonstücke beisteuerte, den praktischen Helfern der onomato Künstlergruppe und dem Publikum für seine konzentrierte Aufmerksamkeit, die sich in den Bemerkungen und Fragen im Publikumsgespräch genau nicht als passive Hingabe, sondern als aktive Teilnahme zu erkennen gab.

Die Reihe wird im Winter 2014/2015 fortgesetzt.

Frauke Tomczak im September 2014

# Andreas Altmann – Sina Klein

## Sina Klein

**auftakt**

im lauf die hufe potenziert,
die schafe wollen mir entfliehen.
ihr blöken, ein gewohntes ziehen,
ist in die schläfen eingraviert.

ein tagtraum sich in nacht verliert,
ich hatte ihn mir nur geliehen,
denn alle lichten phantasien
sind in der nacht mit ruß beschmiert,

benebelt und verstaubt – ich wache
schon länger als ich zählen kann
am feuer, das ich selbst entfache

und schlafe selten, dann und wann,
nur wenn im spiegel eine schwache
kontur schon zeugt vom sensenmann.

**turmuhr**

ihre zeitanlage kreist den abend wund –
hab zwei augen, mir die weiten zu verdoppeln.
brandmal wird die zeit in meiner iris, rund –
hab zwei arme, mich mit einem mir zu koppeln.

sie hat: zwei zeiger die an einem turm zwölf stunden
seit x zyklen schon sich ihre bahnen bahnen.
auch die nahe bahn von a nach b nach a,
zwei abteile, bis sie in der nacht verschwunden,

hat die turmuhr mich und ich sie
beinah überwunden.

**entfasst**

schschsch / mach die stimmen drinnen still,
sei diese walnussschale auf den wassern.
die nacht verlangt nicht viel,
nur einlass in die spröde hülle.

der fluss wiegt gegen mich
als weicher körper, venusleib.
sie sucht den zeitvertreib und treibt
in mein gehölz, denn es ist willenlos,

es dient als floß nur nacht, dem mond
und wabert trunken vom likör der sonne.
– er grub mir falten in die tagesstirn
die übrig bleibt, hier auf den venuswassern,
in ihren armen: ausgehöhlt und still.

**dies geheimnis**

es tuschelt was hinter der sprache, aus wespen –
das einzelne wort ist ein uraltes nest.
wehe dir, fass das nicht an, du könntest
gestochen werden, bevor der prozess
in gang gesetzt worden ist.

und wessen stimme spricht bleibt
in der summe angefochten, stille post.
wenn diese in den flügeln oszilliert
und sommerlang vom schwarm getragen wird,

bist du schon längst verschleppt in einen traum,
der giftig gelbe streifen hat. verschoben
in den mehrsinn eines worts:
*die schichten eines querschnitts von begriff* –
da wo der pfeilfrosch sitzt, sitzt du fest.

**schier**

1

die stunden husten: virus in der luft –
und jemand hat gewusst wie jener wirkt.
verwundet ist die unruh einer uhr,
der schuh, der eine kleine glut verbirgt,
wächst zu.

2

rot ist: die dunkle seite des mondes,
wo gedanken schunkeln in die weiße nacht.
ob du wohl weißt, dass meine monologe
funkelten im glas? – ich hab sie tot gemacht …

3

wir lachen das korn aus den ähren,
stechen die sonne ab, sammeln
das süßliche licht bei den beeren,
beschmieren einander den stammelnden mund
mit sommer –

4

mich durchquert eine geige, ihr glatter schnitt.
und  mit ihr das leiseste missgeschick
wird manifest im nest der brust, wo etwas haust,
ein rest von dir, ein kleines weiches tier.

5

in der betäubung liegt das sterile geschöpf.
im versäumnis begriffen der mögliche kopf,
der sich sträubt wie ein struppiger hund
vorm säubern der straßen, dem eigenen schwund.

**vogelfängerlied**

der vogel in seinem sachten flug
der vogel so rot und warm wie das blut
der vogel voll spott, der vogel so sanft
der vogel hat plötzlich angst
der vogel eckt plötzlich an
der vogel will fliehn, ihm ist bang
der vogel, einsam und panisch
der vogel, er will doch leben
der vogel, er will doch zwitschern
der vogel, alarm will er schlagen
der vogel so rot und warm wie das blut
der vogel in seinem sachten flug:
es ist dein herz, wie es dort schlug
und schlägt auch jetzt noch trist genug
gegen die rippen dir immerzu.

*(Nach Jacques Prévert, „Chanson de l'Oiseleur",
in: Paroles 1946)*

**kokon**

das nächtliche um uns:
ein specht schlägt eine tanne wund,
und alles nächtliche um uns:
ein mund besiegelt einen mund –

im nächtlichen gesicht der mond
liegt lächelnd, liegt im schwund
schon eine hand, die eine hand begriff.

wir sprechen nicht. wir flechten finger –
bänder, bänder bis verstummt
im hintergrund ein specht, sein puls:
die nacht den tag entpuppt.

# Andreas Altmann

### herzgegend

bäume haben sich ihre schatten herausgerissen,
brennen im wurzelfeuer. holzasche über
geöffneter erde verstreut. das licht der laternen
wurde durchtrennt, lose treibt es im augenwind.
die tür ist zugemauert, fenster sind verschweißt.
auf den scheiben liegen die nerven der blicke
blind. hier atmen worte ihr schweigen aus.
wege werden umgeleitet oder lösen sich unter
schritten auf. echos der großen geräusche dringen
in den raum. erinnerungen häuten sich. immer
wieder stellen sie mir ihre körper in die spiegel.
ich muss mich nur weit genug von ihnen entfernen,
dann kann ich sie sehen. und mich in ihnen
bewegen. wie leicht mir das alles fehlt.

**der vater der heizer das kind**

ich such meinen schatten im licht,
das worte nach mir geworfen hat.
sie standen auf leeren seiten. sie waren verrußt.
sie sind aus den sätzen geschwärzt.
der flieder blüht langsam in diesem jahr.
ich seh meinen vater im heizhaus,
wie er kohlendreck in das kesselloch schaufelt
und der schwarze staub sich im speichel,
im nasenfluss sammelt. ich sehe die frauen
von den wänden, die sehnsucht ermatten.
und sehe den einsamen atem,
der flügel im feuer bekommt.
der flieder blüht langsam in diesem jahr.
die eismäntel hängen noch in den ästen.
sie nannten vater den schwarzen mann aus dem loch,
froren in offenen hallen und packten verbandsstoffe ein.
ränder gruben die augen tief ins gesicht.
das lächeln bekam eine maske.
aus den worten sprach immer mehr schweigen.
sie brachten ihm essen und bier und nelken aus sebnitz.
er schaufelte kohlen, der schweiß floss in tränen.
er lachte dabei. auf dem waschbeckenrand lagen
waschsand und kamm. das haar wurde dünner,
die haut rau und fahl. in das spiegelgesicht

eine votze geritzt. er hat es, so oft es ging,
in den händen gewaschen. auf dem tisch stand
im gurkenglas die künstliche blume. und blühte.
ich war noch ein kind, mein vater der heizer.
ich besuchte ihn manchmal und schaufelte kohlen.
ich war noch kein vater und er
noch kein kind.

**meine schweigsame mutter**

kirschblüten liegen auf tannenzweigen, die den baum
dem himmel näher bringen. von einem moment
auf den anderen knicken der roten tulpe auf dem tisch
in der vase vier blätter ab. dem blut wird der weg
abgeschnitten. du sitzt auf dem stuhl in der küche.
es schließen bilder gesichter. das schlesische dorf
mit den älteren schwestern. die puppe im feuer. soldaten
und schreie im hals. vertreibung. die ankunft in sachsen.
das kältere schweigen. dienstmädchendienste. der sohn
vom hauptmann, die einsamen jahre. arbeit im brauhaus.
die liebe, ein nest. der gemeinsame sohn. das leben
der langsamen schritte. die enkel. der tod des geliebten.
die blumen. meine schweigsame mutter wird still, schläft ein
auf dem stuhl. die augen geöffnet im weiß. nun liegt sie
in einem raum ohne atem, sieht den flammen entgegen.
die kirschen reifen in diesem jahr schnell.

Mai 2014

**im spiegel
das fünfzigste jahr**

du tanzt dir im spiegel etwas vor,
reißt den mund auf und lässt dich
vom echo ertragen. du hältst die hände
vors gesicht mit gespreizten fingern
und beobachtest dich. du könntest
so nackt sein wie er und verbirgst dich.
du stehst ihm zur seite und stellst ihm nach.
du hebst die arme, wenn er es will.
du bist der einzige, der dich sieht.
du bist schöner als er. er kommt nicht
von dir los. du musst den ersten schritt wagen.
du bist ihm immer einen moment voraus.
er hat deine augen. wenn du schläfst,
sieht er dich. nur deine gedanken
kann er nicht lesen. du könntest sie ihm
ins gesicht schreiben. doch das
würde dann immer zwischen euch stehen.

**Poesie im Keller**

Stelle ich mir den Literaturbetrieb als ein großes Haus vor, bewohnen die Dichterinnen und Dichter das Kellergewölbe. Im Grunde ist Kellergewölbe ein schönes Wort. Im Grunde. Dicht an dicht gedrängt hausen dort die Poeten. Ab und an wird einer von ihnen in die oberen Etagen gerufen und bekommt ein Glas Prosecco. Oft trinken sie dann soviel, dass Ihnen schlecht davon wird. Bis sie wieder nüchtern sind, dürfen sie in einem eigenen Zimmer schlafen. Danach werden sie wieder nach unten geschickt. Manche Dichter sind schön. Andere schauen gern in den Spiegel. Dabei haben sie es noch gut. Im Haus brennt immer Licht. Außerhalb des Gebäudes ist es dunkel. In engen Reihen schleichen Autoren ums Haus. Alle wollen sie so nahe wie möglich an der Wand entlanggehen. Gelegentlich öffnet sich eine Kellerluke und jemand wird ins Gewölbe gelassen. Dann heißt es zur richtigen Zeit an der richtigen Stelle zu sein. Schreibt man keine Gedichte, darf man gleich in die erste Etage. Gern schauen die Dichterinnen und Dichter durch die Kellerfenster in den Himmel. Aber sie sehen nur die Beine der Vorübergehenden. So müssen sie sich den Himmel vorstellen.

## jedes gedicht

jedes gedicht erinnert sich.
jedes gedicht fällt auf sich selbst zurück.
jedes gedicht wächst durch den spiegel.
jedes gedicht kommt sich auf die spur.
jedes gedicht hört sich sagen,
in jedem gedicht ist ein schweigen zu hören.
jedes gedicht verwandelt sich.
jedes gedicht schneidet auf.
jedes gedicht liebt ein anderes.
jedes gedicht verbirgt etwas.
jedes gedicht tanzt sich etwas vor.
in jedem gedicht geht ein lied spazieren.
jedes gedicht treibt flussaufwärts.
jedes gedicht spielt eine rolle.
jedes gedicht hängt am seidenen faden.
jedes gedicht hat eine narbe.
jedes gedicht wechselt die seite.
jedes gedicht sieht sich zu.
jedes gedicht hat angst vor dem tod.
jedes gedicht hat eine leiche im keller.
jedes gedicht ist ein haus.
jedes gedicht hat eine tür.
nicht jeder schlüssel öffnet eine tür.
nicht jedes gedicht ist ein gedicht.

# Andreas Altmann und Sina Klein im Gespräch

**Natur und die bevorzugten Jahreszeiten**

**Andreas Altmann** Die Natur ist natürlich nur Kulisse für mich. Wenn jetzt jemand sagen würde: Du bist ein Naturlyriker. – dann würde ich schon sagen: Das stimmt so nicht. Das ist Kulisse, viele Metaphern liegen da: gerade der Winter, wo alles ruht, wo sich die Natur sammelt, wo große Zeichen der Vergänglichkeit sind – alles das hat natürlich mit dem Winter zu tun. Ich kann im Sommer komischer Weise wenig schreiben. Ich mag den Sommer auch nicht so sehr. Vielleicht die Abende, wo es kühler ist. Aber wenn es so heiß ist, das ist nicht meine Jahreszeit und ich habe lange gebraucht, um im Sommer ansprechende Texte zu schreiben, mit denen ich zufrieden bin.

**Sina Klein** Das (Traumwandeln zwischen Wachzustand und Traumzustand FT) ist da drin, tatsächlich. Das interessiert mich auch. Ich denke schon, dass das verschiedene Wahrnehmungsarten sind, die auch ineinander laufen können. Vor allem, wenn man viel Zeit mit sich selber verbringt, ist das vielleicht noch stärker so. Und zu den Jahreszeiten: Ich glaube, dass ich auch viele Winterlandschaften habe, (…) von Schnee geprägte Landschaften, schreibe aber nicht auf Jahreszeiten hin. Das ergibt sich einfach so, auch aus einer Liebe heraus.

**Frauke Tomczak** Andreas, du hast provokant gesagt: die Natur ist Kulisse. Das glaube ich dir nicht.

**Andreas Altmann** Wir wissen alle, die Natur war vor dem Menschen da und der Mensch hat sich der Natur anpassen müssen. Heute entfernt er sich wieder, was ja auch nicht gut ist. Aber die ganzen Lebensprozesse, die Wahrnehmungsprozesse werden ja durch die Natur vorgegeben, schon durch die Jahreszeiten: Was spielt das Wetter für eine Rolle, wenn sich älter werdende Menschen unterhalten! Die wird immer größer, diese Rolle, finde ich jedenfalls. (…) Da ist alles ablesbar, das ganze Leben! Deshalb meinte ich, dass die Natur einfach nur der äußere Rahmen für das Innere sein könnte. (…) Viele Sachen sind für mich an der Natur ablesbar. (…) Oder: Natur ist die Kulisse für die Albträume, die sie selber spielt – könnte man auch sagen.

### Umhüllung versus Bewegung

**Sina Klein** Mich faszinieren Gedichte aus dem 19. Jahrhundert. Nicht alle natürlich, aber viele, die diese Seelenlandschaften sind. Ich glaube, dass diese Gedichte viel mit dem Menschen und mit dem Mikrokosmos zu tun haben. Und man sucht nach Analogien, um das auszudrücken und die finde ich in bestimmten Naturphänomenen.

(…) Was ich ebenso interessant finde, wo ich jetzt hier mit Andreas sitze, (…) das ist die Bewegung, auch die Bewegung in deinen Texten. Bei mir ist das ganz anders: bei mir ist das ein statischer Zustand. Meine Gedichte haben nicht so eine Dynamik wie die von Andreas und ich glaube, dass das auch daran liegt, wie sie entstehen: ich schreibe nie in Zügen. Ich schreibe immer in meiner Kammer, oder irgendeiner Kammer, das muss nicht meine sein. Aber ich brauche diesen Schutzraum. (…) Ich denke schon, dass für mich dieser abgeschlossene Raum, diese Kapsel, dieser Kokon (…) wichtig ist.

**Frauke Tomczak** Kammer, Kapsel, Kokon – Bilder der Umhüllung wie deine folgende, wie ich finde, kühne Metapher: *die Nacht den Tag entpuppt…*

**Sina Klein** Ja, dass sich die Dinge gegenseitig enthalten.

**Andreas Altmann** Um das mal einzufügen: ich schreibe im Gegensatz nur unterwegs: ich schreibe im Zug, auf Spaziergängen. Es ist kein Gedicht – vielleicht mal eins – am Schreibtisch, sie sind alle in der Bewegung entstanden. (…) Ich schreibe meist auch in freien Rhythmen.

**Frauke Tomczak** Das ist bei dir anders, Sina.

**Sina Klein** Ja, ich habe vorhin mit einem klassischen Sonett angefangen. (…) Das hat auch mit der Wahrnehmung der Welt zu tun,

wo sich alles, wie ich finde, immer weiter fragmentiert und ich das
Bedürfnis habe, die Dinge zusammen zu halten.

### Von der Imaginationskraft der Bilder und wie sie entstehen

**Andreas Altmann** Es gibt bei Gedichten immer einen Türöffner.
Das kann manchmal ein Stamm sein, der durch einen Zaun wächst,
oder etwas, das ich im Kopf habe und dann entsteht das schon in
zwanzig, dreißig Minuten. Dann gebe ich es in den Computer ein,
dann bleibt es noch wochenlang liegen und oft verändert sich soviel
nicht. (…) Es gibt noch ein Nacharbeiten, einen Feinschliff. Aber ich
würde mal sagen: achtzig bis neunzig Prozent steht. (…) Manchmal
sind es auch Jahre, die Gedichte liegen und einige bleiben liegen,
weil sie in meinen Augen dann nichts taugen.

**Publikumsfrage, Susanne Fasbender** Wie würdest du, Sina, diesen
Prozess beschreiben vom Anfang bis zu diesem Tüfteln. Es gibt ja
auch Bilder im Kopf, nehme ich an, oder sind es Räume, oder Worte,
wie ist dieser Prozess?

**Sina Klein** Das sind Haltungen. Mir ist immer wichtig, dass ein
Gedicht eine Haltung hat, also nicht ausfusselt und alles und nichts
meinen kann. Ich würde das gar nicht schreiben nennen, sondern
eher komponieren, wie das, was in der Musik passiert. (…) Die Laute
sind erstmal das primäre Material für mich (…) Tatsächlich ist dieser

klangliche Impuls mir sehr wichtig und auch das Musikalische in der Dichtung. Das deckt sich dann auch wieder mit der Stimmung, dem Gefühl. Ich mag das Wort Gefühl nicht so sehr, deshalb sage ich Haltung. (…) Oft auch Sehnsucht. (…) Ja, das Gedicht schlägt auch zurück.

**Andreas Altmann** Das sind große Fragen, die man überhaupt nicht zu trennen vermag: außen, innen. Was ist mein Innen? Das ist ja alles irgendwann in mich hineingekommen. (…) Das ist ja immer ein Wechselspiel und das ist immer in Bewegung, bei jedem Menschen. Und dieses Wechselspiel ist eben für die Poesie ein reizvolles Feld.

**Sina Klein** Ja, ich habe ein großes Bedürfnis nach Gegenläufigkeit. Ich glaube auch, dass die Verseinheit das hergibt, auch wenn man sich anguckt, wo das Wort etymologisch herkommt: von vertere – drehen und wenden, also auch eine Rückbezüglichkeit. Deshalb auch *die Nacht den Tag entpuppt* – am Ende wird aufgeschlüsselt, was am Anfang gesetzt ist.

**Andreas Altmann** Es sind eben Räume für Geschichten da in den Gedichten. Manchmal gibt es auch einen dünnen Erzählfaden, der immer mal wieder aufgegriffen wird. Aber die Geschichten liest dann der Leser.

# Jan Wagner – Jens Stittgen

## Jens Stittgen

**(der titel ist das letzte)**

nur um diese oft gehörte einfallslosigkeit nicht auszulassen
durchtobt
TYRANNOSAURUS REX
jetzt auch diese zeilen
er weiß zwar nicht so recht  was er
hier soll
aber man hört so oft von ihm und in
ehrlich gesagt ich weiß gar nicht was für zusammenhängen
wenn da wirklich irgendwas zusammenhängt
wie zum beispiel seine
wie ich meinem vater mal sagte:
„gigantisch unterentwickelten vorderbeine"
diese formulierung wollte mein vater nicht durchgehen lassen
dann müsste es jetzt sinnvoll weitergehen
in diesem text
denn hier handelt es sich um worte
und damit sollte einer in meinem alter doch wohl keine probleme
                                                      haben

hör mal -: mit worten! -: was ist das schon
schall und rauch aus denen (!) sich allmählich
TYRANNOSAURUS REX
hervor"schält"
auch so ein wort
unter dessen aufstampfen der erdboden erzittert
- oder etwa nicht?
jetzt bist du dran
der geneigte leser der
acht geben muß dass sein kopf bei solcher schieflage
nicht einfach
- aber wohin
dann denn
eigentlich fällt nicht nur dein kopf mitten in den meinen
wir beide jetzt was denn eigentlich?

WORTE

**winter,**
winter,
winter,

IM INNERN
naturgegeben
und un-
verständlich

warum dieser wechsel
HIER WIE DA - und dort
der jahreszeiten bergauf und bergab
erst nach und dann darum
lohnt es sich das zu fragen! (oder ?) - es ist doch nur
LANGSAMER, SATZ,
ein zeichen
unter vielen anderen ver-
borgen
und warm
inside
hättest du wohl gerne
VERSPROCHEN IST VERSPROCHEN
Kälte Sickerwasser Mangelware
der dialog hätte hier beginnen sollen
aber die darsteller haben nichts begriffen!" schreit
DER UNVERANTWORTLICHE

in die leeren stuhlreihen
Ich glaube, die Pause ist jetzt zu Ende…



**heute**

lache bitte nicht
so grundlos hinter den bäumen hervor
stützgestapelt und rieselnd
dass man angst bekommt
oben ist immer nur oben und darüber geht es nicht weiter
zum verwechseln ähnlich sind sich weit auseinander liegende
                                          wochentage bis auf die
tageszeit zu der du dein brot isst
ohne auch diesmal dir den mund abzuwischen tropft
das zeug dir auf die füsse und zwar
in gedankenschnelle
haben die umstehenden vergessen was sie dir sagen wollten
ihre schirme haben sie zusammengefaltet
und stochern damit in der erde rum

während man nicht weiß ob sie einander wirklich derart ähneln
                                                                                                 wollen
das wasser spiegelt den himmel und die kiesel glänzen rund und
                                                              hell im gelben sand
es ist aber nicht das meer was man sieht
sobald man die brille wieder absetzt
beginnt alles
aber doch ganz anders als vorgehabt
greift diese frau dadrüben langsam
ins gras wozu sie sich bücken muss
wie alt mag sie wohl sein?

jetzt kommt kurz die sonne durch
die wolken scheint immer stärker ihr licht
während die frau sich umdreht und sieht dass du sie siehst
wie ein gebirge nein wie eine lawine
dir wird schwindlig
und sagst kein wort
du bist nicht sie ist nicht sie kennt nur
dann spürst du ein leises ziehen
das eigentlich gar kein leises ziehen ist sondern zwei ungleich
artige - das ist ja das wort!: es hat nicht viel gefehlt
nur so viel und es stimmt freilich nie wenn man das sagt
weil man schließlich nicht will dass jeder weiß
was jeder weiß ist nämlich an einem solchen nachmittag
wenn der regen endlich aufhört

(und man was man getan hat bereut
so stark dass man daran zweifelt ob das was man gerade tut und
                                                erlebt wirklich ist)

unter dem winterlich leeren geäst der bäume
zwischen anderen menschen als man selbst
merkt man noch nicht mal wenn man jemanden
unvorsichtig berührt unabsichtlich
wie so vieles
geschieht in der stille dieses lichts
inmitten einer alltäglichen welt
die so alltäglich nicht ist sobald ich sehe
welche farbe die bäume haben
die im freien stehen und nichts einkaufen müssen
obwohl dicke tüten an sie gelehnt sind

**der künstler**

warum schreibt er das klein
er ist kein solcher wie ein anderer
schon gewesen ist wer sagte das
tun ist ihm lassen das klingt doch wie echt
bezahlt werden sollte der
künstler nicht von ihm selbst
bezahlt machen sollte sich
alles von selbst was er macht nicht für
geld das braucht schon ein anderer
er ist nicht oben er ist
vom rand aus gesehen eher
seitlich davon und trägt nägel
fünf an jedem finger einen
sie wachsen ihm ohne sein zutun
haare stecken in seiner haut
mal mehr mal weniger
je nachdem wo
solche künstler gibt es hier wie sand am meer
und wenn man ganz leise ist
hört man sie singen
der wind der an solchen tagen heftiger geht
trägt das fort in gebrauchten plastiktüten
diese sind schon rissig und
drinnen glänzt es

„nach gold" ergänzt der ungeduldige kritiker
der wohlwollende journalist
der interessierte betrachter
kann nichts erkennen
sein hinterkopf gleicht dem des künstlers sagt das kind
das hinter ihm im bus sitzt ich habe dich für
dich gehalten
das erzeugt verwunderung
der künstler ist zufrieden
mit dieser antwort ohne
die es
die unzufriedenheit mit dieser antwort
beim künstler nicht gäbe
er ist nicht überrascht über die bäume an
dieser stelle
sie überragen ihn er schaut hinauf in ihr
winterliches geäst
nicht nur der künstler geht in diesem
dezember abend licht
strenggenommen
ist es gar kein wasser was man
nicht sieht das könnte auch
hier stattfinden denn er weiß schon
worauf es hinauslaufen soll
der künstler ist unzufrieden mit
dieser antwort

der stein den die neben ihm gehende aufhob
wiegt schwer in seiner hand
und ist kalt
was denkt jetzt der der das liest
nur der künstler?
im geländewagen sitzt die konkurrenz so
will er es meinen
abends wenn es ihn nicht einschlafen lässt
das wovon er nichts weiß hat er aufgehört mit dem
versuch sich etwas einzubilden er
erschrickt wenn nach durchwachter nacht
am frühen morgen
zuviel wirklichkeit an sein bewußtsein dringt
diese sirenenhafte frische des kindheitserlebens
das lächeln der gorgo mit dem ersten frühwind durchs
offene fenster der künstler hat zuviel
flausen im kopf er ist nicht herr
seiner phantasie
das liebt sein publikum so an ihm
fährt dann aber lieber in urlaub
der künstler
bezeichnet sich selber nicht so
er betrachtet das gras unter seinen füßen
dort unten gehen diese darüber schritt
für schritt in der tiefe
der fortschreitenden nacht

draußen das elektrische licht
hinter den augen

ist nichts

von dem

vergessen



**reuestriche** beiderseits
der haarsträhnen
die kopfhaut wird sichtbar
der nackte scheitel
bis zur sohle

# Jan Wagner

**störtebeker**

> *Ich bin der neunte, ein schlechter Platz.*
> *Aber noch läuft er.*
> - Günter Eich –

noch läuft er, sieht der kopf dem körper zu
bei seinem vorwärtstaumel. aber wo
ist er, er selbst? in diesen letzten blicken
vom korb her oder in den blinden schritten?
ich bin der neunte und es ist oktober;
die kälte und das hanfseil schneiden tiefer
ins fleisch. wir knien, aufgereiht, in tupfern
von weiß die wolken über uns, als rupfe
man federvieh dort oben - wie vor festen
die frauen. vater, der mit bleichen fäusten
den stiel umfaßt hielt, und das blanke beil,
das zwinkerte im licht. das huhn derweil
lief blutig, flatternd, seinen weg zu finden
zwischen zwei welten, vorbei an uns johlenden kindern.

**historien: onesilos**

(*Herodot V, 114*)

da oben, der schädel am stadttor,
der mit dem ersten licht zu summen beginnt,
mit dem noch immer leicht verdatter-
ten ausdruck, wo sich ein gesicht befand.

dahinter arbeitet es: die feine
schwarmmechanik im kranium,
die goldenen zahnräder der bienen,
die ineinandergreifen. geranien

und tulpen, wilder mohn und gladiolen –
stück für stück kehrt alles in den blinden
korb zurück, bis in den höhlen
die bienenaugen zu rollen beginnen.

den jungen ist es egal,
wie man ihn nannte, bettler oder könig,
sobald sie über sonnenwarme ziegel
nach oben klettern, der honig,

den er sich ausdenkt, an den händen klebt.
der bienentanz. ein epitaph.
er hatte fast ein land, als er noch lebte.
nun lebt in seinem kopf ein ganzer staat.


**Guerickes sperling**

> ... *köstlicher als Gold, bar jeden*
> *Werdens und Vergehens ...*
> Otto von Guericke –

was ist das, unsichtbar und doch so mächtig,
daß keine kraft ihm widersteht? der kreis
von bürgern rund um meister guericke
und seine konstruktion: die vakuumpumpe,
die auf drei beinen in das zimmer ragt,
vollendet und mit der obszönen grazie
der *mantis religiosa*. messingglanz,
die kugel glas als rezipient: hier sitzt
der sperling, der wie eine weingeistflamme
zu flackern angefangen hat - die luft,
die immer enger wird. vorm fenster reifen
die mirabellen, summt die wärme, wächst

das gras auf den ruinen. an der wand
ein kupferstich vom alten magdeburg.
die unbeirrbarkeit der pendeluhr,
diopter, pedometer, astrolabium;
der globus auf dem tisch, wo eben erst
neuseelands rückenflosse den pazifik
durchschnitten hat, und wie aus weiter ferne
das zähe trotten eines pferdefuhrwerks.
»dieser tote sperling«, flüstert einer,
»wird noch durch einen leeren himmel fliegen.«


**elegie für knievel**

> *God, take care of me - here I come ...*

die landschaft zog schlieren, sobald sie ihn sah.
ein draufgänger, ein teufelskerl
mit einem hemd voller sterne
und stets verfolgt von dem hornissenschwarm
des motorenlärms. die knochen brachen,
die knochen wuchsen zusammen, und er sprang.

wie viele hindernisse zwischen rampe
und jenem fernen punkt?
wie viele ausrangierte doppeldecker?

was war ihm der zweifel, der sich eingräbt
im innern, bis ein ganzer canon klafft
mit rieselndem sand an den rändern,
den schreien großer vögel?

nachmittage, an denen sich die geschichte
für einen augenblick niederließ,
um nach popcorn und abgas zu duften.
wie hier, in yakima, washington,
mit diesem zerbeulten mond überm stadion
und tausenden, denen der atem stockt:
fünfzehn, zwanzig busse und das rad
steht in der luft.


## champignons

wir trafen sie im wald auf einer lichtung:
zwei expeditionen durch die dämmerung
die sich stumm betrachteten. zwischen uns nervös
das telegraphensummen des stechmückenschwarms.

meine großmutter war berühmt für ihr rezept
der *champignons farcis*. sie schloß es in
ihr grab. alles was gut ist, sagte sie,
füllt man mit wenig mehr als mit sich selbst.

später in der küche hielten wir
die pilze ans ohr und drehten an den stielen –
wartend auf das leise knacken im innern,
suchend nach der richtigen kombination.


**teebeutel**

I
nur in sackleinen
gehüllt. kleiner eremit
in seiner höhle.

II
nichts als ein faden
führt nach oben. wir geben
ihm fünf minuten.


**gaststuben in der provinz**

hinter dem tresen gegenüber der tür
das eingerahmte foto der fußballmannschaft:
lächelnde helden, die sich die rostenden nägel
im rücken ihrer trikots nicht anmerken lassen.

# Jan Wagner und Jens Stittgen im Gespräch

**Assoziation – Konstellation - Erzählen**

**Jens Stittgen** Warum ist da ein Widerspruch zwischen Beidem? Du meinst, konstellieren ist intentionaler? Ja, es wechselt ab. Aber es ist tatsächlich so: wenn ich dem Jan zuhöre, dann merke ich: da ist eine unheimliche figurative Phantasie am Werke, eine unheimliche Vorstellungskraft, sich Dinge auszudenken, auszumalen, sich bildlich vor Augen zu führen. Das geht mir völlig ab. Ich hab die Sprache, ich hab die Worte und stake so von einem Wort zum nächsten. Manchmal habe ich das Gefühl, ich schwing mich auf in so etwas Metaphorisches, dem ich misstraue und gleichzeitig beneide ich diejenigen, die sich darin geschmeidig bewegen können. Tatsächlich ist es sehr assoziativ: ich glaube an die Kraft der Assoziation. (…) Freud hat das ja schon unterschieden, dass Assoziation sich in zwei Möglichkeiten bewegt, formal: Affe –klaffe oder Affe – Tier – Bestie. Also inhaltlich oder formal. Und das sind auch die zwei Fortbewegungen, Bewegungsrichtungen in meinen Gedichten.

**Jan Wagner** Ja, es gibt oft am Anfang ein deutlich umrissenes Szenario. Aber das Verfahren ist sich trotzdem relativ ähnlich: das assoziative Fortschreiten, das man auch hört bei deinen Gedichten,

Jens, (…) das ist natürlich etwas, was jeder Dichter tut, ob er nun mit Metaphern arbeitet oder ohne. Aber es ist immer ein klar erkennbarer Gegenstand zumindest im Titel erwähnt, an dem man sich erstmal festhalten kann. Aber ich denke, dass sich das dann doch ausweitet und in andere Räume übergeht. (…) Das Szenische ist in jedem Fall richtig. Es ist eine richtige Beobachtung, dass ich nicht abgeneigt bin, wie auch viele Dichter in der angloamerikanischen Tradition, gewisse narrative Elemente zu benutzen. Das ist ja nichts Verbotenes. Es geht nur darum, dass man keine Geschichte auserzählt, sondern anerzählt, wenn überhaupt, also gewisse narrative Brocken anbietet, die man dann fortspinnen kann. Aber das narrative und situative Element ist da drin. (…) Was man in jedem Fall sagen kann ist, dass viele Gedichte nah am Gegenstand bleiben und das ist durchaus Programm. Das ist eine Beobachtung, die ich immer unterschreiben würde, dass diese Gedichte das, was wir für alltäglich halten und für gegeben halten, zu hinterfragen versuchen und mit Vorliebe solche Dinge aufgreifen, die vermeintlich unpoetisch sind, aber gerade deswegen ein enormes poetisches Potential haben, wie der Giersch zum Beispiel oder ein Teebeutel. Das sind genau die Dinge, an denen man bleiben kann, bleiben sollte. Auch das ist wieder etwas, was in der angloamerikanischen Tradition eine große Rolle gespielt hat und verblüffender Weise gelangt man dann schnell über diesen Gegenstand hinaus, ohne ihn plakativ-symbolisch zu verwenden. Indem man, wie Carlos William Williams sagt, ganz nah an den Dingen bleibt, kann man unendliche Räume aufschließen.

**Frauke Tomczak** Bei dir Jens, habe ich den Eindruck, dass die Lyrik auch Medium der Selbstreflexion ist.

**Jens Stittgen** Ja, meine Bilder haben sie früher oft als tagebuchartig bezeichnet. Diesen Zug sehe ich jetzt in der Lyrik zum Teil. Nur ein normales Tagebuch: Um 9h30 habe ich das und das gemacht. befriedigt mich nicht, weil ich da nicht spielen kann. Und mich knebelt im Grunde die Aufgabe zu beschreiben, (…) es sei denn ich kann es in dieser Art tun, wo ich mit den Worten spielen und wo ich Sätze abbrechen lassen kann, wo das Spiel mit der Form eine Freiheit gibt, die ein normales Tagebuch nicht zulässt, weil es viel dokumentarischer ist. (…) Ob ich mir alles erlaube, weiß ich nicht. Aber das gibt es, dass Worte sich auflösen. (…) Das sind auch Sachen, die sich schlecht lesen lassen, die sind dann optisch eher zu erfassen.

## Sprache - Natur und die Materialität der Wirklichkeit

**Frauke Tomczak** Der Tyrannosaurus rex z.B., der sich hervorschält, *unter dessen aufstampfen der erdboden erzittert – oder etwa nicht?* Da haben wir doch die Spannung zwischen dem Wort, also der Sprache und der materiellen Wirklichkeit.

**Jens Stittgen** Der physische Aspekt der Welt ist ja der unumgänglichste, manifesteste. Alles, was nicht schlicht physisch ist, realisiert sich trotzdem im Rahmen der physischen Welt. Es gibt keine andere. Die Grundtatsache ist das Materielle, nach meiner Auffassung.

**Frauke Tomczak** Die Sprache hat kaum Materialität: außer unserem Atem und dem Klang.

**Jens Stittgen** Die Sprache ist selber eine Materie, ein Gegenstand sozusagen mit ihren eigenen Gesetzen (…), ihrer Eigengesetzlichkeit.

**Jan Wagner** Ja gut, das Lesen in der Natur ist ja eine alte dichterische Tätigkeit. Auch die Übertragung von Sprache auf den natürlichen Raum. Was als Signatur dann bei Peter Huchel auftaucht. Das ist ein altes Verfahren. Das taucht durchaus auch bei mir auf. Ich muss allerdings sagen, dass immer dann, wenn innergedichtliche Themen übertragen werden auf einen natürlichen Raum, man doch skeptisch werden darf. (…) Das ist doch auch ein ziemlich einfaches Verfahren zum Beispiel zu sagen: die Grammatik der Äste.

**Frauke Tomczak** Ein gutes Beispiel für die Genitivmetapher. Es gibt übrigens einen Aufsatz von Franz Josef Czernin, der die Häufung dieser Art der Genitivmetaphern Durs Grünbein vorgeworfen hat…

**Jan Wagner** Ich muss Durs Grünbein dringend verteidigen. Denn es gibt solche und solche Genitivmetaphern. (…) Es gibt ja diesen Text von Ezra Pound *Does and Don`ts*, wo er sagt: Hüte dich vor der Genitivmetapher, die Abstraktes und Konkretes verbindet. Das dunkle

Land der Ferne, zum Beispiel und dann ist man schnell bei wind of change – und dann schnell beim Schlager. (…) Du kannst jedem Dichter, wenn du die richtige Häufung hast, Pfuscherei vorwerfen: es ist die Häufung der Metaphern in diesem Essay von Czernin (…) er ist übrigens eine bewusste Polemik. Aber Verbote aufzustellen für das, was man darf, was nicht, halte ich für etwas albern. Es kommt immer darauf an, wie man es macht! (…) Dogmen aufzustellen, halte ich für eine wirklich missliche Sache in der Lyrik.

**Frauke Tomczak** Ich hatte bei dem Naturverhältnis auch etwas im Blick, dass du Jan, so großartig in Guerickes Sperling ins Bild gefasst hast: in Guerickes Experiment mit der Vakuumpumpe flackert der Sperling zuerst noch *wie eine Weingeistflamme* und dann heißt es in den Schlussversen: *zuletzt wird dieser Sperling (…) noch durch einen leeren Himmel fliegen*. In diesem Bild ist Goethes Fundamentalkritik am Experiment und seinen Folgen, die er besonders in seiner Polemik gegen Newton formuliert, auf den Punkt gebracht: Die Natur auf der Folterbank! In diesem Naturverhältnis ist am Ende auch der ganze Himmel leer.

**Jan Wagner** So ist es.

**Jens Stittgen** Ich kann den Goethe schon verstehen: da prallen völlig unterschiedliche Sichten der Welt aufeinander: eine mechanistisch zerlegende, ein Materialismus, der dem, den ich vorhin entworfen habe, völlig entgegensteht. Mein Materialismus ist keiner, der die

Welt in irgendeiner Weise nutzt, sondern der sie anguckt in ihrer Stofflichkeit.

# Ulf Stolterfoht – Frauke Tomczak

## Frauke Tomczak

### Die Rose und der Reim

Ein Reim und eine Rose,
die saßen auf einem Ast.
Die Rose empfand keine Last.
Da sagte der Reim
„Ach Gott, mein nacktes Bein!
ich weiß, ich vermisse die Hose."

Eine Rose und ein Reim,
die saßen auf einem nackten Bein.
Da sagte die Rose,
„Hier ist die Hose."
Ein Bein im Reim
schlüpft flink hinein.

Am Ende saß die Rose
ganz lose
auf einem Reim.

Da fiel dem Reim plötzlich ein
„Ich weiß
meine Hose wird meine neue Rose sein.
Das soll sie auch, heiter"
schrie der Reim, „weit und weit, immer weiter die Hose weiter heitrer
                                        Reiter, weiter, weiter, weiter!"

So saß zuletzt die Rose allein.

**Steig herab von der Höhe des Amana
von den Bergen der Leoparden**

Im Turmgeschiebe dieser Stadt
staut Zeit auf
als wär viel vielzuviel
in ihren Traum gepumpt
an ihren Zinnenstern gehängt
sie schwer wie Blei geworden.

Je neu im Nachtflug überflogen
Blinklichter der Unendlichkeit?-
Ein Labyrinth der Worte
hoch/tiefgehängt.
Und andre verbleichen
schon im Kniestock
wie steckengeblieben der Fahrstuhl
alltäglich.

In abgelegten Nächten
stotternde Schritte auf Stein
hört wer
weiß doch noch
als sei nicht Zeit gewesen
ein Echo von langen Rufen
schwer und dunkel und dunkel
suchend nach der Geliebten.

**Tango geschuppt**

Einmal, zweimal, zigmal
vom Bett-, Blatt- Rand geschuppt,
Lust versetzt im Pfandhaus
türmen Bettblätter Sätze
fallen angespitzt, aufgespitzt
Wortfallen zugeklappt ab.

Frustschweigen, Lustschweigen,
Frostschweigen ist, ist, ist
tonlos.
Wieder ein Tod
schon genehmigt.
Hick- Hack tobt
Schnäbel geschärft.
Sollte Rhythmus Balanceseile
spannen zum Zerreißen
rhythmen
Hüh und Hott
Hoppe hoppe um.

Wer
den Ton angibt
zum Schweigen ist
gehört – wer wem?

Eingerollt zum Spiralwerk
klammern Gleichgewichte
am verränderten Otolith
schwerkraftender Träume
im Fall.

Am Bettblattrand versetzt
wie aus Versehen
verknoten Glieder und Sätze
verhext
ist gar kein Ausdruck.

## Zaumbaum

Za za za
zaudere nicht, mein
zieh zieh zieh, ziere mich
ich nicht im Zaum
zaum zaun. Zauntraum.
Träume nicht ich mich umzäunen
ab um rum Baum.
Baumzaun raun runter ab
Apfel im Fall all
fall lieber im Raum aum
um kaum. komm komm

im Pflaumbaum
im bla zaza zaudere nicht
zieh zieh zieh Zierapfel runter
im Pflaumflau
zitterblau
Blaublume nestern.
Zi zi za za
Siegsang im Blaubaum:
Blume im Umbau
Zaumbaum im Flaum.


**Eine Schwalbe**

Eine Schwalbe
macht noch keinen Tee
ruhig bleiben und ohne Fleiß trinken.
Morgenstund' hat keinen Preis.
Doch in der Nacht
haben alle Katzen
Gold im Mund
sind grau
wie aller Tage Arbeit.


Ach, dem Glücklich schlägt
eher ein Kamel durchs Nadelöhr

als ein Reicher ins Himmelreich
keine Stunde.
Käme eines zum andern,
würde jeder seines Glückes
Lügen haben Schmied
und kurze Beine
und andern eine Grube baun.

Wer sich nicht wehrt
fällt selbst hinein.
Den Nagel auf den Kopf
gelebt verkehrt getroffen.
Wer Hass sät wird
Kindesmund ernten
Gewalt tut Wahrheit kund.

Doch noch ist nicht
aller Anfang eine Schwalbe.

Eine Schwalbe,
Ende,
macht noch keinen Sommer.

**Koffer**

> *Lass die Kinder spielen, bis sie umfallen.*
> Jorge Luis Borges

Ich packe in den Koffer:

Goethes Bein
mit ungeahnten Zwergen,
E.T.A. Hoffmanns schwarze Riesenaugen
ohne die Puppe Olimpia,
Kafkas Ohren
mit allen Träumen
und den Koloraturen
der Mäusekönigin,
Joyces Spazierstock,
der Annalivias Fluten nicht stockt
und …

Plötzlich steht
ein fremder Alter da,
greift aus dem Nichts
ein glitzerndes Jojo.
Im Innenkreis der Scheiben
tanzen wirre Funken.

Der Alte lässt das Jojo
pendeln, surren,
kreiseln, zucken,
wirft es gekonnt
Drill-Dreh,
Dreh-Drill
weg von sich
zu auf mich
zick – zack.
Kreise, Achten
Zackenspuren,
Lichtspiralen, Funkenspitzen,
Feuerpfeile, Glitzertaumel.
Blitzteufel toben,
Derwische sprühen,
flammen, flickern, blenden
schnell, schrill, hell -
zu hell! zu schnell!
Gedächtnisraum fängt
Feuer! rotiert.

Was rette ich?
Was rettet mich,
den Koffer?

Ich werfe ihn
mit allen
vorgestellten Sinnen zu!

Ich haste, fliehe, flüchte –
abgereist.
Mit Koffer.

# **Ulf Stolterfoht**

das stehen im wort. blut ist der ort. satz
scheints der platz. es gibt nichts geschlachtes
außer man macht es. fodor und katz. schmatz.

heiter weiter. zweckfreier lärm. wer kocht hier
alten euter? wer denkt hier schwenkt gedärm?
kaut. schaut: es steht ein eimer schleim (gleich

hinter zella-mehlis). vergräbt im stoff die
hohe stirn. in weiten teilen unverdaut. fein.
meine heimat ist der reim. mit körpersäften.

eingebauten zwangskräften. wie duelliert man sich
mit einem brei. zwei briefe aus dem raum kaprun.
kapaun. drei gegen die natur. wallach-struktur.

vier reisende in sachen blei. lustig schmettern-
des hirn. das gefüllter helm-problem. gespreiztes
ereignis / gestauchte zeit. oder: pochender knorpel /

zuckender steiß. alle zeichen stehn auf wurm. wie
meinen sie das: alle zeichen stehn auf wurm?
ich meine das so: negation der eignen körper-

sensation. präsentation des angejahrten pansen.
satz grobe poren. sacht drängt es die marder zum
luchs diesen herbst. konsequent zugrunde gedacht.

(aus fachsprachen XII)

**humpty dumpty** über bezüge: wenn ich ein wort
so schwer arbeiten lasse wie „referenz" dann
bezahl ich ihm natürlich was extra. wir wissen
was dahintersteckt. kategoriendefekt. ähnlich
gelagerte fälle sind nennschwelle unterbestimmt-
heit und übergangsneid. alles erfahrene komposita.
wie aber zarte pronomen entlohnen? nehmen wir nur
mal „ich" in: „gerade will ich die lyrik erneuern
als sämtliche muskeln beteuern sie säuern" - da
tut sich dann natürlich nichts. entsprechend we-
nig wird bezahlt. deutlich stringenter: „heil
mir im ausgefransten dilthey-kilt" oder wie man
sich endgültig disqualifiziert. es hat mich nie
gegeben. sehr schön. vielleicht ein spürchen zu
extrem. egal! auf diese weise macht man die welt
kahl. da man aber weiterhin wörter benutzt haben
sie die bedeutung die man ihnen zu geben beliebt.
das ist alles. bleibt schließlich die frage was
man sich unter einer semantik ohne welt vorzu-
stellen hat? wohl höchstwahrscheinlich die welt.

(aus fachsprachen XVII)

**immer stärkere lesergehirne** bedrohen die wirkmacht der dichtung. während früher ein gedicht nur einige wenige informationen enthielt vermittelt heute das laden von großen dateien ein völlig neues lyrikgefühl. neben strophen mit komplexen erkenntniseffekten harren brettharte verse des schmieds. das gedicht das ich nun für uns ausge-

sucht habe heißt „tastaturereignisse" und läßt sich leicht im baukastenprinzip zusammenstecken. auf gehts. wenn du TEXT startest öffnet sich automatisch ein feld: krumig schollig glänzend fett. folgeeindruck: frappant! abnorm hoher fruchtstand. am bildrand weitet sich das fenster „erntehelfer" bereits zum veritablen pflücker. in rascher folge rauschen

zeichen übers blatt: icon-gewitter / morphischer bums. TEXT schiebt beharrlich klone nach: rübe wurzel strunk. schote scheint aus der mode. schade. am siloausgang wählt man die farbe. „schlamm" bietet sich an. gestocktes ocker. weiß. überraschend erscheint: „hostie! du hast bereitsx verse geschrieben. dein ziel ist denkbar nah!" oder in code: <y - u hat

z rationen sinn gespeichert - kühl!> zieh die kadenz um acht werte ran. dann: halte die knöpfe zärtlich gedrückt. stilles glück. schreibt man nunwie in unserm falle bruch braucht man sich nicht zu wundern - ein lyrikfreund steht auf und klagt: „im wirklichen leben fallen zeilen aber nicht so gradlinig nach unten". gütiger gott! nimm einen zünftigen sinus und du erhältst authentische welle bzw. zeilenfall real. was folgt ist reine fleißarbeit: metrum takten / reime schichten / dann alles schön herbstlich einrichten. fehlt nur noch das signal für POEM OVER. ich habe mich für einen sound von schlingmeister entschieden: „stein der in trübe brühe fällt". das quintett ist komplett. vorhut hat ruh. jetzt du.

(aus fachsprachen XXIV)


**traktat vom stattgehabten arterwerb**

werkstattbericht. es herrscht bekanntlich meldepflicht. sätze wie „nein kein rumpfhaus / nein keine erbsensuppe / keine rechnung keine sorge / kein klares nein vorbei perle perle ziege" - die meldet man natürlich nicht. die behält man schön für sich oder raunt sie hinter vorgehaltner hand. gerade darauf nämlich ist man scharf im kreise der kollegen. eigenbedarf. wie man so was ohne hilfe

schafft: mit inbrunst marke gutekunst. etwas weniger schrunst. womöglich der nötigen traute. es beispielsweise laute: katzkraft. schladerer. konischer vogel. und? war das so schlimm? im resultat hauchzarte avantgarde. geht wie löffel durch den quark. immer achtung am scharnier. durstiges tier. und bitte sehen sie hier: wittgensteins leiter. permanent mischt er sich ein. die stein gedanklich weiter: der glanz

der dichteraugen lebt in den luchskaldaunen fort. kein schlechter ort. leiser kritik folgt lyrischer knick. brettharter ismus findet statt. wittgensteins käfer. die toten lodenträger von wien. nichts wie hin. man muß sich bemühn / zeigt jeden trick / will man den lehrstuhl moritz schlick. hiermit wechseln wir nochmals die richtung. ein kurzes gedicht über dichtung. schon jetzt bekannt der letzte satz. sie finden

ihn am hergebrachten platz. er wird sie bewegen. dann wird es regnen. dann muß man sich beeilen. verbleiben vier zeilen. also nur ganz kurz zurück nach wien. was sind denn das für tricks. da wüßte man gern mehr! na eben so tricks. ontologisch harmlos. noch während mans schreibt schnarcht das papier. schläft man dagegen selbst - sofort beginnt es sich zu regen. ach möge uns nächtens ein solches begegnen.

(aus fachsprachen XXII)

**brechnuß:** die wirkung der pflanze und ihrer zubereitungen beruht zum größten teil auf ihrem inhaltsstoff. wir nahmen sie oft und freuten uns an den überschießenden reaktionen: tonische krampfanfälle bei vollem bewußtsein, gesichtsfeld vergrößert, tastsinn verstärkt, gutes verständnis von hermann broch – was gab es noch: sattlers hölderlin, eva hesses beckett-gedichte, die versteigerung

und die parabelenden, dylan thomas von erich fried, alle bücher von klaus ramm und, wie gesagt, manfred essers ostend-roman. nun, was ich unter brechnuß sah: die andre eva hesse, paul thek als mr. bojangles, das eierwägelchen, cy twombly womöglich. dieter roth im kunstverein. ich nahm die einnahme manchmal gar nicht mehr wahr. was man hörte, war klar: beefheart. pere ubu. the ex.

und ferdinand mit verleger. besser, je schräger. las «sniffin' glue». trug jeansjacke dazu. fast bis an die ohren reichte das haar. es war die zeit des wunderbar. die harte szene wanderte nach cannstatt ab. noch und nöcher blanko-rezepte im köcher – wäre man denen mit brechnuß gekommen! die schliefen am bahnhof, auf kacheln und fliesen, vergilbten in kürzester zeit. nichts, was an sie erinnert.

wir aber lagen zuckend im gras, die dreads voll abraum und teer. und die nuß schmeckte bitter. schwitters schien irgendwie besser als arp, betreffs t.rex war die wiese geteilt, gary glitters verdienste blieben uneingestanden. nun lese ich heute bei john peel, status quo sei als combo famos, steherqualitäten nie mehr erreicht, und verspreche, dies zu bedenken: nüchtern, schüchtern, eingenommen.

**engelstrompete:** schon nach dem ersten zug setzt dumpfes brüten ein, die arme hängen rechts und links herab, vor dem mund bunter schaum. atmung beschleunigt, schenkel unschön verdreht. abwechselnd lauscht der berauschte oder geifert herzzerreißend. stöhnt, ächzt und fällt in tiefen schlaf. nach dem erwachen erzählt er von längeren reisen und seinen gesprächen mit bense. das klang nach

belang, doch gleichzeitig reichlich gefährlich. ecke witthoh-staffel / wannenstraße hatte es eine grünanlage gegeben, mit truthahngehege – und die hähne fraßen das zeug. gerieten völlig außer sich. das hat uns schließlich bewogen. und nie, wirklich nie, hat uns die pflanze um bilder betrogen. informationsästhetische bilder, bilder der entropie, geschaute edv usw. wir haben dort eine kybernetische

hütte errichtet, von der aus flogen wir ab. keine ahnung, ob bense das wußte. vielleicht hat ihm etwas geschwant. wie auch immer. geraucht hatte sich die wirkung dann doch ein wenig verbraucht. so wurde gekaut, schließlich gespritzt, und etwas seltsames geschah: es genügten jetzt immer geringere mengen. die depots waren voll, quollen über, die nennung des namens ersetzte den stoff.

wir formten die klitsche zum sprachlabor um, setzten die kopfhörer auf und hauchten uns «engelstrompete» ins ohr. beachtlicher flash.

manche begannen, im zustand zu dichten. vielleicht unsre besten.
mit echten karrieren. kurz vor dem olymp verleugnung der wurzeln.
die immer gleiche geschichte: bense – wer ist das? und:
die beste droge ist ein weißes blatt. ihr werk verwese ungelesen.

**muskat:** vor einnahme gesamtnuß bring deine lyrik zum abschluß. dann such es dir aus: kollaps oder lethargie. sink auf die knie, bete. bei kleineren mengen, pulverisiert, hält das gefühl von schwebegang volle vierzehn stunden an. schlug alle in seinen bann – und die meisten schrieben ja wirklich gedichte. es war seltsam, ende der siebziger in

einem viertel wie heslach: für junge, weiße schulverweigerer blieben allein lyrik und improvisierte musik, um dem ghetto zu entkommen. viele schafften das ohne chemische hilfe nicht, und für die war muskat wie geschaffen: amphetaminartig putschend, leicht bewußtseinsverändernd und vergleichsweise billig – da blieb man für tage am tisch. doch das geschriebne

überstieg bei weitem das können. oft ließ das scheinbar mühelos erreichte niveau den schaffer sprachlos zurück: er verstand die eigne lyrik nicht. sie schien ihm schwierig und überkomplex. die meisten machten unbeeindruckt weiter, verschwiegen ihr scheitern und erhöhten einfach die dosis, was die probleme auf natürlichem wege löste. andere gewannen einsicht und

verfaßten bezüglich berichte – auch das lief sich tot, ist teil der aporie-geschichte – wieder andere, ganz bestimmt nicht die dümmsten, verschwanden für einige zeit und kehrten mit den insignien zurück. für ihre dichtung ein glück, für ihre seele verheerend. alles in allem hat heslach bis heute acht vorzügliche dichter erbracht. über zwölf weiteren wölbt sich die nacht.

# Ulf Stolterfoht und Frauke Tomczak

## im Gespräch / Moderiert von **Ferdinand Scholz**

**Lyrik und Erzählen**

**Ferdinand Scholz** Frauke hat ja am Anfang schon gesagt: Das ist sehr antipodisch. Zwischendurch fand ich das gar nicht antipodisch. Was ist das Gegenteil, podisch? (Lachen) War es zwischendurch podisch? Sie haben jetzt eine Stunde lang zugehört, vielleicht gibt es ja das Bedürfnis, zum Gehörten etwas zu äußern. Bitte schön!

**Johanna Hansen aus dem Publikum** Als antipodisch habe ich beide Lyriken auch nicht erfahren. Es ist ein anderer Rhythmus in der Sprache, auch eine andere Musikalität, aber trotzdem eine starke innere Verwandtschaft.

**Frauke Tomczak** Jetzt beim Hören muss ich auch sagen: deine Sachen, Ulf, müssen unbedingt gelesen werden und am besten von dir selbst. Beim stillen Lesen in den Vorbereitungen habe ich manchmal gedacht: Die Leute werden aufstehen und nach Hause gehen! (erstauntes Lachen) Doch ehrlich! Denn ich fand manche Texte so verdichtet und rätselhaft, so wenig durchschaubar, beim ersten Lesen. Mir ist das wie Schuppen von den Augen gefallen, als ich dich jetzt hier hörte, denn du liest deine Texte so prononciert und plastisch, dass einem beim Zuhören ein Licht aufgeht. (…) Nein mit antipodisch meinte ich eher: du brichst deine Lyrik ja sehr stark und sie ist sehr verdichtet. Aber – das ist eine Erkenntnis, die ich aus meiner jahrelangen Beschäftigung mit den historischen Avantgarden gewonnen habe - man kann nicht nichts sagen.(…) Du hast eine starke Brechung in deiner Lyrik und dann ein Weitereilen, dass ich Schwierigkeiten hatte in den Fachsprachen bestimmte Erzählsituation auszumachen, kann man ja kaum.

**Ulf Solterfoht** Das gibt's auch. Aber die Forderung würde ich auch nicht an ein Gedicht stellen, dass ein Gedicht Erzählsituationen aufmacht. Das ist nicht mein erster Anspruch, eine Erzählsituation aufzumachen. Ich denke, dass ich für moderne Lyrik doch noch relativ viel rumlabere und rumerzähle. Das ist doch eher zuviel als zuwenig!

**Regina Ray aus dem Publikum** Was ihr beide macht, nicht durchgehend, aber päckchenweise ist: mit der Lautebene zu arbeiten.

**Ferdinand Scholz** Ich glaube, da sind wir an einem zentralen Punkt angekommen: Denn ich denke auch, dass Lyrik und Erzählung zwei grundverschiedene Schuhe sind. Aber in einem Punkt gibt's eine Parallele: Prosaautoren berichten immer wieder, dass die Figuren sich selbstständig machen und auf einmal tun, was sie wollen. (…) Ich denke in der Lyrik gibt es eine analoge Situation, dass die Worte sich verselbstständigen, oder dass die Worte einen Eigensinn entwickeln.

(…) die Worte strecken eigensinnig ihre Fühler aus und gehen von sich aus Verbindungen ein. In beiden Fällen fechten die Autoren einen Kampf mit ihrem Text aus: die Worte in der Lyrik, die Personen in der Prosa sind ungefügig, die wollen nicht so richtig. Und aus dieser Reiberei entsteht ein Funke: da funkt was! Also: wann funkt`s?

**Ulf Stolterfoht** Vielleicht so einen kleinen Aspekt: also zum Beispiel ist es bei mir so, dass ich keinen Ausschuss produziere. Das heißt nicht, dass ich nicht schlechte Gedichte schreibe. Aber die Gedichte werden immer irgendwann fertig und die werden auch gedruckt. Dann mache ich eben dreißig oder vierzig Versionen, aber ich habe noch nie ein Gedicht nicht so fertig gekriegt, dass ich`s weggeschmissen hätte. Das wär mir zu schade drum, um die Zeit auch. Das andere ist, dass ich schon auch merke, dass es unterschiedlich funkt, dass es Gedichte gibt von mir und anderen natürlich auch, die mir besser gefallen oder wo sich mehr tut, bei anderen tut sich etwas weniger. Die Idealvorstellung ist natürlich, dass man sich selbst überrascht mit dem Gedicht, oder? Es gibt zum Beispiel, Reinhard Priessnitz, einen österreichischen Dichter, der hat zu Lebzeiten nur 44 Gedichte veröffentlicht und die finde ich alle höchst überraschend und ich stelle mir vor, dass der Priessnitz auch überrascht war, als er die fertig hatte. Wenn ich wüsste, ich darf nur 44 machen, dann wäre ich vielleicht auch etwas wählerischer. Aber gleichzeitig geht`s ja auch um das Schreiben, nicht nur um das Resultat. Also, was Bücher betrifft, das interessiert mich mittlerweile gar nicht mehr. Mir geht`s eigentlich darum, dass ich gerne acht Stunden am Tisch sitzen möchte und schreiben. Das ist das wesentliche Interesse bei mir. Was dann mit den Sachen passiert, - manchmal gibt`s ein bisschen Geld, manchmal gibt`s schöne Lesungen – das ist großartig, aber darum geht`s mir nicht. Mir geht`s darum am Tisch zu sitzen. Und wenn man am Tisch sitzen möchte und gleichzeitig den Anspruch hat, sich mit jedem neuen Gedicht zu überraschen, dann wird man kein zufriedenes Leben führen, glaube ich. Das wäre natürlich die ideale Vorstellung. Aber ich halt`s für ausgeschlossen, dass das geht. Also dann muss man wirklich auf Ideen warten. Ich will nicht auf Ideen warten. Ich will, dass die Ideen beim Schreiben kommen. Manchmal kommen sie eben nicht, oder sie kommen nicht in dem Maße, in dem es wünschenswert wäre, aber dann wird es vielleicht doch noch ein ganz gutes Gedicht. Und dann bin ich mit dem Gedicht glücklicher, als vier Wochen gar nichts zu machen und auf eine Idee zu warten.

**Wie kommen die visuellen Bilder, wie Erfahrungen zur Sprache?**

**Ulf Solterfoht** Ich glaube, dass bei mir die Bilder überhaupt keine Rolle spielen. Deshalb kann ich da auch schlecht was zu sagen.

**Frauke Tomczak** Man spricht immer großartig vom metaphorischen Sinn. Franz Josef Czernin sagte einmal: Eins wird für ein anderes gesetzt, nicht nach dem Prinzip der Ähnlichkeit, sondern nach dem

Prinzip der Ersetzung – die klassische Definition von Metapher. (…) Auf diesem sprachlichen Wege, denn das ist ja eine linguistische Definition, kann ich damit im Grunde genommen nichts anfangen, weil meine Metaphern auch anders entstehen: das sind Imaginationsbilder, ich sehe sie vor meinem inneren Auge. Das ist kein Ersetzungsverhältnis. So würde ich nie schreiben, ich würde mir nie überlegen: das ersetze ich jetzt und dann habe ich die Metapher! Ich habe die Bilder gesehen. Möglich ist: da ist eine Ausgangsimagination und dann geht das Imaginieren weiter.

**Ulf Stolterfoht** Ich glaube, der Widerspruch lautet nicht: formal versus erfahrungsgesättigt, (…) wenn es überhaupt eine Opposition gibt, lautet die: weiß man vorher schon ungefähr oder ziemlich genau, was man macht, oder hat man keinen Schimmer. (…) Dieses *holzrauch* hat mich im nachhinein immer beschäftigt, weil ich dachte, ich werde mir da untreu (…) Wenn ich das vorlese, dann merke ich ja, dass das autobiografische Setting sehr ernst genommen wird. Aber das ist natürlich viel weniger autobiografisch, als es tut. Ich spiel da auch autobiografisch. (…) Wenn ich genau weiß, wie es aufhören soll, dann hätte ich keine Lust mehr es zu machen. (…) Ich hab mal mit Jan Wagner auch so im Gespräch gesessen wie hier. Jan hat gesagt, es sei ein großer Fehler anzunehmen, nur weil man traditioneller arbeite, wisse man vorher, was passiert. Da ist natürlich auch was dran.

**Frauke Tomczak** Aber es ist ja so, dass im Grunde schon nach den ersten Verszeilen das Gedicht selber eine eigene und zum Teil strenge Gesetzmäßigkeit entfaltet. Da kann man nicht schalten und walten wie man gerade mal möchte, und jedes Gedicht anders. (...) Das meine ich auch mit narrativer Situation: damit ist ein Eingangsbild skizziert und damit ist der weitere Verlauf alles andere als willkürlich: das gibt seine eigene Gesetzmäßigkeit vor und insofern ist auch der Schluss zwar nicht vorher gewusst, aber festgelegt und diese Gesetzmäßigkeit übertritt man nicht ungestraft. Dann scheitert das Gedicht.

# Yoko Tawada – Johanna Hansen

## Johanna Hansen

**Ich**

in die Zunge getaucht
Ich brauche die Zunge nackt in den
Fängen der Rede
Am Anfang
am liebsten spann ich Zelte auf zwischen
den Sätzen
und die Hand vor dem Mund
fühlt die Rückwand der Wörter

**Kopfüber herzunter**

Zuerst bei den Händen fang ich an
Sie setzen sich über und weißen die Sprache
und schwärzen mir Töne zu
Still- und Angelpunkte,
Atemlöcher,
durch die die Hände sich wässern,
dann wieder lüften und lauten,
die einzelnen Teile, Finger, Kuppen, und
was da sonst noch nach innen, nach außen
lustvoll gestülpt

Ich trage ein Wort auf,
dann noch eins,
flagge Herz, Kreis und Strich

Wie ich liebäugel mit Rabenschwarz
Immer am schönsten samtenen Rücken
alle Linien aufwickle bis hinter die Ohren

Den Nacken zum Kinn schichten
Die Arme resten
Meine Füße sind Schmetterlinge
Meine Füße sind Einstiegsluken der Wörter
Papierdünn weiß aufgezäumt

über die Dinge gezogen, gehäust und
geköstelt sind Verben als Sprunggelenk der Rede,
halb Winkel halb Leichtsinn

So zahlreich bin ich wie Luft

Wenn hinter den Tönen zweisilbig die Ohren,
wenn Schnee fällt in ein Wort,
geh ich in Spiralen
zwischen Schweigen und Sprechen

Das Herz, unter die Zunge gelegt,
macht Lockerungsübungen,
nicht etikettiert nach Herkunft oder
Anfang und Ende eines Gedankens
Mit dem Rücken zur Sprache male ich
die Heimwege der Sätze
Jetzt geht meine Stimme auf Stelzen,
ausstaffiert zum Kehrreim
Ich nutze die Lücke zwischen mir und dem Papier
sowie die Lektüre der Beine

Kopfüber herzunter auch der Mund

Dann wieder Fischatem den Körper hinauf und
hinunter,

durch Hände vor allem und Knie
Barfüßig im Gaumenzeug
die Zeit mit ganz anderen Sprüngen einhakt,
zuoberst lackiert mit Traum
Gebrauchsanweisungen, in viele Orte zersplittert
Hier zieh ich, mit Türmen und Falzen
in den Sinnen, lauter Fragen
den Umgangston betreffend heraus
In Blättern frisch abgeschöpft,
planlos auf links gedreht,
hör ich Bilder

Ins Leere greifen, sich Namen umhängen,
und nichts fällt heraus

Beim Mischen der Zettelchen tagelang
in den Handschellen von Wiederholungen gehen
Das Nötigste umwandeln in Gesten
Licht, die Kompassnadel buchstabieren
Schlupflöcher zählen in die Schwerkraft
Auf den Balkonen der Regeln weiter sehen

Ich hab keinen Mond als Joker im Ärmel,
doch einen Augenblick lang ist die Erinnerung
durchsichtiger als Fingerspitzengefühl

**Blau ist ein Lockvogel**

Blau macht schlank
bis zum siebten Himmel
dazwischen ist Blau ein Aperitif
hellhörig verrutscht zu Satin
ein Geheimtipp überallhin

Blau sieht täuschend echt aus
eine Flussaue mündet ins Blau
Gefühle
kühl entknotet
ein paar Interna
ein Horizont auf dem Tellerrand

Blau komplettiert ein Adagio zu Schwerelosigkeit
und zieht sich nie aus der Affäre
ein Vokal tauscht mit Blau

Blau ist ein Lockvogel

Ein Federstrich reicht aus
und Blau hält sein Echo hin
mehrstöckig
mühelos tanztauglich
in einer Landschaft auf Zehenspitzen

**Lockmittel**

Duft von Gras aufs frisch gebackene Brot
schneiden die Gärtner auf dem Grünstreifen
Vielleicht verkauft eine Bäckerei heute mitten
im Häusermeer Liebesorakel in diese Welt
aus stop and go unter leuchtenden Netzen
aus Momentaufnahmen
Sie spucken einen Zitronenfalter in
den Luftzug auf der Haut
Sein Flug ist der Wirbel, in dem ich lautlos
die Lippen bewegte wie um eine Lichtquelle,
wie Endlosketten von Flügelschlägen
gegen Lebensbeschleunigungselixiere
Schon eine Haltestelle weiter die gewohnten
Geräusche vom Reißbrett der Stadt,
Duftmarken für die geraffte Vollkommenheit der Zahl

Gebt mir Scheuklappen,
mit schwarzen Tulpen bestickte Etüden,
umgearbeitet zu Lampenschirmen
aus Kinderbuchseide,
die Essenz blanker Erde

Mein Mund ist voller scharf schmeckender Halme

**Sie will sie will nicht**

und sagt meistens
Ja
klemmt sich den Himmel als blaues
Kuvert unter den Arm
Nur kurz hinein schauen
Mit schnellem Blick nach oben
Briefmarken in die Luft küssen
Ein komischer Vogel singt
Paradise lost
als ginge es darum barfuß zu gehen
be a good girl
übersetzt sie wie angegossen
Was steht zur Wahl
Leichtsinn ein neuer Mantel
das Verfallsdatum jeglicher Intimität
vielleicht Aufbruchsstimmung

Im Übrigen ist sie sehr zuverlässig
und tunkt ihre stets anwesende Unruhe
aufs Neue in Milchschaum
Coffee to go
Den Stöckelschuh
wenn er bestickt ist mit ihren Augen
hatte sie schon verzehrt

## Echos Kleid

*frei nach dem Märchen*
*„Die kleine Meerjungfrau" von Hans Christian Andersen*

Durch Meerschaumkammern, den Kieselmund, sich Mondschein auf den Kopf fallen lassen, sich fallen lassen auf des Messers Schneide für „den schwebenden Gang die sprechenden Augen", das Senkblei aus Gischt verlängert zur Kehle, dieses Raumgefüge, dieses gleißende Instrument für Gehversuche, Landnahme, auf dem Wellenkamm den Fischschwanz zu Eis splittern, sämtliche Kniffe, Ecktürme untergehender Obhut, beim Halsausrecken nur wenige Gedanken an Tränen, an strudelnde Schirme aus Glas, an Rückwege in flamingofarbige Dünung, das Ziel der Reise weiter oben in der Brust, auf dem Blendgiebel der Gefahr des Stürzens über die Reling, dies in Kauf nehmen, als einziger Haltegriff Mitternacht und Ansichtskarten von Beinen, die Klopfgeräusche nackter Füße auf der abgebissenen Zunge, beschreib sie, die Fangversuche beim Hinfallen, Wiederaufstehen, den Geruch des halbierten Glücks

### *Anmerkung*

Echo [Bergnymphe] unterhielt im Auftrag von Zeus dessen Gattin Hera mit dem Erzählen von Geschichten, damit Zeus Zeit hatte für amouröse Abenteuer. Als Hera dieses Komplott entdeckte, beraubte sie Echo zur Strafe der Sprache und ließ ihr lediglich die Fähigkeit, die letzten an sie gerichteten Wörter zu wiederholen.

# Yoko Tawada

**Passiv**

Eine faule Dichterin schläft im Sessel ein
        und lässt den Herbst an sich herankommen
Wenn sie untätig bleibt
Fällt ihr eine Ferse ein
Ohne den Absatz und die Schnur
Dichtet der Schuh seine Sohle
Die Passivität ist die Zukunft der Vergangenheit
Es passiert der Dichterin, dass es geschrieben wird
Sie bleibt passiv oder wird aktiv in dem Satz: Ich
        unternehme nichts
Keiner hat einen Pass, der ihm passt
Dennoch passiert es täglich: Die Grenzen
        der Grammatik warden passiv überschritten

aus: *Abenteuer der deutschen Grammatik*

**Passé Composé**

Ein Kompott
Für uns alle dasselbe
Für mich für dich für ihn für sie denn
Es ist gegessen und vergessen.
Nur die Haltung des Habens unterscheidet sich
Zwischen mir und ihm und ihr und sie und uns
Bitte nicht zu viel „und"!
Und das Haben zeigt bei jedem ein anderes Ende
Ich bleibe eher offen
Du bist streng verschlossen
Er und sie haben Hüte auf dem Kopf
Gemeinsam sind die eingeatmete Luft und
Die durchgemachte Nacht
Wir lasen nie das gleiche Buch, aber
Gelesen haben wir alle oder
Ich «gelese», du «gelesest»?
Das perfekt Vergangene ist durchkomponiert und vereinfacht
Warum sind wir aber so vielfältig in der Gegenwart?


aus: *Abenteuer der deutschen Grammatik*

## Die Konjugation

er hemt
wenn ich bluse
weiche in den händen der wäscherin am hafen
glänze nicht ohne den gültigen spaß
fiebere nach kunstseide
er hemt den fortschritt
schimpft mit der kunst und dem stoff
er hütet
wenn ich hose
ich hose die schneiderpuppe
ich schneide
du liebste
ich pistole
du angst
wir arbeiten an der Änderungs-
Grammatik


aus: *Abenteuer der deutschen Grammatik*

**Die dritte Person**

Er trägt seinen alten Hosenträger,
sie ihren weißen Busenhalter.
Ein Ich hingegen läuft nackt herum.

Ein Ich kann Marie, Mariko oder Mario heißen.

Er erträgt seine unerträgliche Mutter,
sie ihren Vater.
Sie trägt eine Gebärmutter in sich,
er seine Hoden.
DU trägst nichts bei dir außer den Buchstaben D und U.

Ein Du kann Kain, Cathy oder Keiko heißen.

„Ich" muss keine Steuern zahlen, den ICH ist kein
        bürgerlicher Name.
„Du" musst nicht zur Bundeswehr. Ein Soldat, der DU
        heißt, tötet nicht.


aus: *Abenteuer der deutschen Grammatik*

**Ein chinesisches Wörterbuch**


Pandabär: große Bärkatze
Seehund: Seeleopard
Meerschweinchen: Schweinmaus
Delfin: Meerschwein

Tintenfisch: Tintenfisch

Computer: elektrisches Gehirn
Kino: Institut für elektrische Schatten
schwindelerregend: in den Augen blühen
      unzählige Blumen in voller Pracht
Ohnmacht: Abenddämmerung der Vergangenheit




aus: „ÜBER*SEE*ZUNGEN"

## Yokohama

むな
むなむな
むなむなぐるしい
むなむなぐるしいむらの
むなむなぐるしいむらのなかに
むなむなぐるしいむらのなかにむれる
むなむなぐらしいむらのなかにむれるむれが

むなむなぐらしいむらのなかにむれるむれが
むれて

くろ
くろふね
くろふねがくる
くろふねがくるくる
くろふねがくるくるくるって
くろふねがくるくるくるってまわって
くろふねがくるくるくるってまわってもどって
くろふねがくるくるくるってまわってもどってくるって
くろふねがくるくるくるってまわってもどってくるってんのうせい

なみ
なみなみ
なみなみだぶつ
なみなみだぶつおだぶつ

ひろ
ひろびろ
ひろ
ひろびろ
のんびり
びり
びりでもいい
ひろ
ひろおおおい

# Yoko Tawada und Johanna Hansen im Gespräch

**„das Herz unter die Zunge gelegt", Johanna Hansen – Sprache und Körper**

**Johanna Hansen** Ja, das Herz macht Lockerungsübungen beim Sprechen, beim Schreiben. Mich interessiert vor allem, wie sich Körpersprache ausdrückt und da unterscheide ich gar nicht so sehr zwischen gesprochener Sprache und der Sprache der Gesten, sondern eher zwischen zwei Räumen: in dem einen Raum geht es ums Sprechen, in dem anderen Raum geht es ums Hören, wobei das für mich aber eine spiegelbildliche Wahrnehmung ist: also in dem Raum, wo es ums Hören geht, also eher um Sprache, denke ich eher an Malerei und in dem Raum, wo es ums Sprechen geht, da sehe ich eher Bilder.

**Yoko Tawada** Insofern ist das Wort *ich*, das ja ganz persönlich sein könnte, müsste, geschlechtslos! (…) Da ist nichts, leer! *Ich* – das Wort und wiederum, was man damit verbindet, was ganz körperlich ist, materiell, ganz handfest und auch Gefühle! (…) Ich reg mich auf, hauptsächlich über die Grammatik! Die Grammatik ist so was von ärgerlich und lustig auch: Wut, Trauer, tiefe Gefühle hab ich mit der Grammatik erlebt und darum: warum nicht die Grammatik als wichtiges Thema für die Lyrik?! (…)

Man merkt bei der Muttersprache: da sind auch Regeln, aber man nimmt sie nicht immer wahr. Aber fremde Regeln, die sind im Weg: als würden sie meinen Körper zwingen zu dem, was ich nicht will. (…) Was hat mein Körper mit der Grammatik zu tun?!

**„das passé composé als Kompott", Yoko Tawada – Sprache kann man auch essen?**

**Johanna Hansen** Oder sagen wir mal: sie ist wie Nahrung oder kann Nahrung sein.

**Yoko Tawada** Es ist ja auch seltsam, dass wir mit dem Mund sprechen und auch essen. Es hätte ja auch anders sein können: dass man (allgemeine Erheiterung) (…) Diese beiden Sachen zusammenzulegen, auf die Idee, wäre ich nicht gekommen… wenn du Gott gewesen wärest (FT), ja, wenn ich Gott gewesen wäre.

**Woher kommen Metamorphosen und Überlagerungen?**

**Johanna Hansen** Ich würde sagen: von vielschichtiger Wahrnehmung und Transformation in Sprache. Man kennt doch dieses Gefühl morgens beim Aufwachen, wenn man noch nicht so ganz alles sortiert hat. Und draußen hört man vielleicht Autos oder Vögel oder andere Geräusche aus dem Raum… und die Nacht hat noch

Träume, die so halbbewußt da sind und es ist ein Klang aus all dem zusammen, bevor man aufsteht und den Tag mit Guten Morgen! in Sprache übersetzt oder anfängt. So ein Zustand vielleicht: alles ist noch möglich, als Entwurf.

**Yoko Tawada** Ich finde auch: morgens sind die Dinge noch nicht so praktisch sortiert: das sind die Dinge zum Einkaufen, usw. Andere Verbindungen sind vielleicht möglich. Dafür ist der Kopf noch frei. (…) Diese Assoziationsverbindungen sind immer möglich in der Realität. Aber in einem bestimmten Zustand ist der Kopf voll mit solchen Verbindungen und in diesen Verbindungen sind die Dinge auch fähig, sich zu verwandeln. Also da sind die Möglichkeiten der Nähe und der Verwandtschaften von den Dingen, die nicht ähnlich, aber dennoch ähnlich sind. Und das ist auch der Versuch, die Welt anders zu lesen, als man es sonst automatisch tut. Dadurch ist dann auch eine andere Grammatik möglich, eine andere Interpretation und andere Geschichten, auch vergessene Geschichten und Schichten werden dann sichtbar.

**Frauke Tomczak** Also eine größere Durchlässigkeit.

**Beide** Ja.

**Johanna Hansen** Und wenn ich in andere Bedeutungsräume gehe, dann verstehe ich vielleicht das Leben, wie ich es führen muss oder wie der Alltag es oft von mir verlangt, leichter, weil ich dann in diesen

Bedeutungsräumen – du hast es gerade Metamorphosen genannt, das trifft es vielleicht sogar gut – eine Metamorphose erleben und gestalten kann und mich dadurch ein Stück distanzieren kann von vielen Regeln. Bei Yoko sind es die grammatikalischen Regeln. Weil Deutsch meine Muttersprache ist, kann ich in dieser Form gar nicht schreiben. Das sind dann andere Regeln, die mich stören, oder die mir zu eng erscheinen und die ich auf diese Weise versuche außer Kraft zu setzen …

## Die magischen Energien und die Poesie

**Yoko Tawada** Irgendetwas ist zumindest möglich, denk ich mal, mit der Poesie. So wie die Sprache normalerweise funktioniert – das ist ja nicht magisch. Aber die andere Art, wie die Sprache sein könnte, davon haben wir uns nicht verabschiedet. Das können wir zwar nicht als solches vorher präsentieren, aber in der Poesie sind wir nahe dran, manchmal. Wodurch - ist schwer zu sagen.

**Johanna Hansen** Ich komme ja ursprünglich von der Sprache (…) aber ich hatte dann das dringende Bedürfnis – das hört sich jetzt übertrieben an, aber es war eben so – ich wollte ins Schweigen gehen. (…) Beim Malen konnte ich das tun: das ist ein wunderbarer Raum der Stille. Und dann habe ich erst gemerkt: das ist ja eine ganz andere Sprache, die sich da auftut. (…) Ja, dann war das eine unglaublich große Freiheit, diese Bilder zu hören. Ich habe sie wirklich gehört.

**Yoko Tawada** Aber das (die Sensibilität für den Sprachklang, FT) ist durch die deutsche Sprache gekommen, in meinem Fall. Ich konnte mich trennen von der japanischen Sprache, weil ich oft vor einem Publikum gelesen habe, das kein Wort Japanisch kann und dann konnte ich auf einmal Japanisch hören. Ich habe angefangen, Japanisch nicht zu verstehen. Das kann ich jetzt. (…) Und dadurch wurde es mir wieder möglich, den Klang als solchen zu basteln und auch mit der Musikerin zusammen zu arbeiten und dadurch die Wörter so zu behandeln, als wären sie Noten. Die Prosa-Autoren, die nur Prosa schreiben, sie finden manche Sachen unmöglich: Nein, nein zuerst muss das erzählt werden und dann das, jenes muss noch erklärt werden. So denke ich gar nicht mehr: es kann auch etwas weggelassen oder umgestellt werden. Wenn das musikalisch passt, dann versteht der Mensch - anders.

# Zu den Autoren

**Andreas Altmann** wurde 1963 in Hainichen/Sachsen geboren und lebt heute in Berlin. Er übte unterschiedlichste Jobs aus, um sich als Lyriker über Wasser zu halten, seit längerer Zeit arbeitet er mit behinderten Menschen. Andreas Altmann hat 2012 seinen achten Gedichtband *Art der Betrachtung – Gedichte aus 20 Jahren* veröffentlicht. Er wurde u.a. mit dem „Christine-Lavant-Lyrikpreis" (1997), dem „Erwin-Strittmatter-Preis" (2004), einer „Ehrengabe der Deutschen Schillerstiftung von 1859" (2011) und dem „Sächsischen Literaturpreis" (2012) ausgezeichnet.

2010 gab er mit Axel Helbig die Anthologie *Es gibt eine andere Welt* heraus. Zuletzt erschien 2014 der Gedichtband *Die lichten Lieder der Bäume liegen im Gras und scheinen nur so*. Alle genannten Bücher wurden im poetenladen Verlag, Leipzig verlegt.

**Sina Klein** wurde 1983 in Düsseldorf geboren, wo sie auch lebt. Sie ist Dichterin, Romanistin und redaktionelle Mitarbeiterin der Literaturzeitschrift proto. 2012 war sie Finalistin beim Münchner Lyrikpreis, 2013 beim Literarischen März in Darmstadt. Sie veröffentlichte Gedichte und Übersetzungen in verschiedenen Zeitschriften und Anthologien (zuletzt in *Wie er uns gefällt – Gedichte an und auf William Shakespeare*; Nad Střechami Světlo | *Über den Dächern das Licht* und *Oradour – Histoire d'un massacre*). 2014 erschien ihr erster Lyrikband *narkotische kirschen* im Klever Verlag. Ihre Arbeit wurde von der Kunststiftung NRW gefördert.

**Jan Wagner**, geb. 1971 in Hamburg, lebt in Berlin. Übersetzer englischsprachiger Lyrik, freier Literaturkritiker und bis 2003 Mitherausgeber der internationalen Literaturschachtel DIE AUSSENSEITE DES ELEMENTES. Neben sechs Gedichtbänden – *Probebohrung im Himmel* (2001), *Guerickes Sperling* (2004), *Achtzehn Pasteten* (2007), *Australien* (2010, alle Berlin Verlag), *Die Eulenhasser in den Hallenhäusern. Drei Verborgene* (2012) und *Regentonnenvariationen* (2014, beide Hanser Berlin) sowie der Essaysammlung *Die Sandale des Propheten. Beiläufige Prosa* (Berlin Verlag 2011) veröffentlichte er mit Björn Kuhligk die Anthologien *Lyrik von Jetzt* (2003) und *Lyrik von Jetzt zwei* (2008) sowie das Buch *Der Wald im Zimmer* (2007). Er erhielt u.a. den Anna-Seghers-Preis (2004), den Ernst-Meister-Preis (2005), den Wilhelm-Lehmann-Preis (2009), ein Villa-Massimo-Stipendium in Rom (2011), den Friedrich-Hölderlin-Preis der Stadt Tübingen (2011), den Kranichsteiner Literaturpreis (2011) sowie den Paul-Scheerbart-Preis (2013).

**Jens Stittgen**, geb. 1956 Karlsruhe, lebt und arbeitet in Düsseldorf als bildender Künstler, der unter anderem an verschiedenen Einrichtungen und Museen über Kunst spricht und das aus künstlerischer Perspektive.

Ausstellungen (u.a.):1988 Museum Morsbroich, Leverkusen, De Selby Gallery Amsterdam, 1989 Saarland-Museum, Saarbrükken. 1997/98 Bonnefantenmuseum, Maastricht, 2005. *Figuration/ Abstraktion,* Galerie m, Bochum. *Passanten* Galerie Ulrich Mueller, Köln. *Passagiere*, Felix Ringel Galerie, Düsseldorf, 2008. *Unter freiem*

*Himmel*, Botschaft, Düsseldorf (Gruppenausstellung). 2012 *Klausur. Sitzt und Schreibt*, Glashaus Worringer Platz, Düsseldorf.*Sample. Musik und Text*, Glashaus. 2013 *prodigal sun*, Krefelder Kunstverein. 2014 *Jens Stittgen*, Galerie Ulrich Mueller, Köln. 2014 *another time/ another place/together*, Leeschenhof, Düsseldorf (Gruppenausstellung). 2014 *Über die Jahre*, Galerie Haus Schlangeneck, Euskirchen.

Er schreibt mit Unterbrechungen, seit er 14 Jahre alt ist.

**Ulf Stolterfoht**, geboren 1963 in Stuttgart, lebt als Lyriker und Lyrikübersetzer in Berlin. Daneben immer mal wieder Lyriklehrer an den einschlägigen Instituten in Leipzig, Wien, Biel und Kopenhagen. Seit diesem Jahr betreibt er den kleinen Verlag BRUETERICH PRESS. Mitglied des Klangkollektiv *Das Weibchen*, der Darmstädter Akademie und der Lyrikknappschaft Schöneberg. 2008 Peter-Huchel-Preis für *holzrauch über heslach*, Basel: Urs Engeler Editor 2007. Zuletzt: *wider die wiesel*, Ostheim/Rhön: Verlag Peter Engstler 2013 und *Die 100 Tage des BRUETERICH*, Steingruben: roughbooks 2013. Im Winter erscheint bei kookbooks Berlin der Gedichtband *neu-jerusalem* und bei Peter Engstler *was branko sagt*.

**Frauke Tomczak**, geboren 1956, Autorin und Dozentin, 1989 Dr. phil. mit einer Arbeit zu Joyce und Döblin, Arbeitsschwerpunkte: literarische Moderne, historische Avantgarden, punktuell Gegenwartsliteratur, seit 1995 erweitert um das Medium Film. Zahlreiche Veröffentlichungen im Rundfunk und in Zeitschriften, diverse Vorträge und Lehraufträge (u.a.1995-2006 an der Heinrich Heine

Universität), sie schreibt Lyrik, lebt in Düsseldorf. Seit 1999 Mitarbeit in der freien Künstlergruppe „onomato", ab 2005 kuratiert sie jährliche Filmreihen zu unterschiedlichen Themen, sie kuratiert und moderiert die neue Lyrikreihe *Bekannt trifft Unbekannt*.

Lyrikveröffentlichungen in Sammelbänden (2006, 2012), in Zeitschriften (2008, 2013) und im digitalen Portal des Poetenladen (2011). Jüngste Lyrikveröffentlichung in dem Würdigungsband für Eduardo Chillida: *cien palabras para chillida*, San Sebastian 2012, in Proto 04, 2013 und WORTSCHAU, 2014.

**Ferdinand Scholz**, geb. 1952 in Düsseldorf veröffentlicht seit 1984 Lyrik, Prosa, dramatische Texte. Für einiges gab es auch Preise.

**Yoko Tawada** wurde 1960 in Tokyo/Japan geboren. 1982-2006 lebte sie in Hamburg, seit März 2006 lebt sie in Berlin. Studium der Literaturwissenschaft in Tokyo, Hamburg und Zürich. Promotion. Yoko Tawada schreibt auf Deutsch und Japanisch.

Zahlreiche Preise und Stipendien u.a. Akutagawa-Literaturpreis 1993, Adelbert-von-Chamisso-Preis 1996, Goethe-Medaille 2005, New-Yorker-Stipendium des Deutschen Literaturfonds 2005, Writer-in-Residence an der Stanford University und der Cornell University April 2009, Hamburger Gastprofessur für Interkulturelle Poetik 2011, Yomiuri-Literatur-Preis 2013, Erlanger Literaturpreis für Poesie als Übersetzung 2013.

Über 20 Publikationen in Prosa und Lyrik im Konkursbuch Verlag, Tübingen, zuletzt dort erschienen *Etüden im Schnee*, 2014.

Mehr Informationen: www.yokotawada.de

**Johanna Hansen**, geb. 1955, Autorin und Malerin, Studium der Germanistik und Philosophie, Beginn der künstlerischen Arbeit 1991, seit 1993 zahlreiche Ausstellungen, seit 2008 Veröffentlichungen, sie schreibt Lyrik und Kurzprosa, oft in Kombination mit eigenen Bildern. Lebt in Düsseldorf. Seit 2013 Mitherausgeberin der Literaturzeitschrift WORTSCHAU

Lyrikveröffentlichungen in Anthologien, Zeitschriften und auf der Literaturplattform „fixpoetry". 2013 erschien *dasselbe Blau*, Gedichte und Bilder, Vinscript Verlag

2014 *Sehr verehrter Heinrich Heine*, ein Brief an den Dichter, Vinscript Verlag.

Im gleichen Jahr entstand zusammen mit der Fotografin Elena Hill ein Kurzfilm zum Brief an Heinrich Heine während eines Aufenthalts in der Cité des Arts, Paris.

# Textnachweise

**Sina Klein**, sämtliche Gedichte in: *narkotische kirschen*, Klever Verlag, Wien 2014.

**Andreas Altmann,** sämtliche Gedichte in: *Die lichten Lieder der Bäume liegen im Gras und scheinen nur so*, poetenladen Verlag, Leipzig 2014 , bis auf *meine schweigsame mutter* und *poesie im keller* bisher unveröffentlicht, alle Rechte beim Autor.

**Jens Stittgen**, sämtliche Gedichte bisher unveröffentlicht, alle Rechte beim Autor.

**Jan Wagner**, *störtebeker, guerickes sperling* in: *Guerickes Sperling*, Berlin Verlag, Berlin 2004; *historien: onelisos, elegie für knievel* in: *Australien*, Berlin Verlag, Berlin 2010; *champignons, gaststuben in der provinz* in: *Probebohrungen im Himmel*, Berlin Verlag, Berlin 2001; *teebeutel* in: *Achtzehn Pasteten*, Berlin Verlag, Berlin 2007.

**Frauke Tomczak**, sämtliche Gedichte bisher unveröffentlicht, alle Rechte bei der Autorin.

**Ulf Stolterfoht**, Gedichte aus *fachsprachen XII, XVII, XXIV, XXII*, alle Rechte beim Autor. *brechnuß, engelstrompete, muskat* in: *holzrauch über heslach*, Urs Engeler Editor Basel/Weil am Rhein 2007, inzwischen alle Rechte beim Autor.

**Johanna Hansen**, sämtliche Gedichte in: *dasselbe blau*, Vinskript Verlag 2013.

**Yoko Tawada**, vier Gedichte sind dem Buch *Abenteuer der deutschen Grammatik* entnommen, *konkursbuch* Verlag Claudia Gehrke, Tübingen 2010 (4. Auflage 2014). Das Gedicht *Ein chinesisches Wörterbuch* ist aus: *Übersetzungen*, *konkursbuch* Verlag Claudia Gehrke, 2006, 4. Auflage 2013. Yokohama ist bisher unveröffentlicht, alle Rechte bei der Autorin.